QUANDO o FUTURO CHEGOU e ENCONTREI um PENTELHO BRANCO

QUANDO O FUTURO CHEGOU e ENCONTREI UM PENTELHO BRANCO

ADRIANA PIMENTA

PRIMAVERA
EDITORIAL

ANAMNESE

Idade: 45 anos.

Nível de consciência: alta.

Pressão: muita.

Histórico: atribulado.

Imunizações: todas; todas sem efeito.

Antecedentes: nenhum criminal.

Principal queixa: desnorteamento temporal.

Diagnóstico preliminar: EM CRISE.

ANTES DE MAIS NADA...

... preciso que você saiba um pouco sobre mim. Conheça, ao menos, o estado em que me encontro. Se eu fosse minha própria médica, faria as anotações que você acabou de ler.

Essa suposta clareza no diagnóstico, apesar da anamnese superficial, não assume qualquer facilidade em se chegar até ele. Foram três anos tentando entender minha condição.

Que condição? Bem, de uma hora para outra, como se uma chave tivesse sido virada, passei a desconstruir tudo vivido até então. Justo quando (supostamente) cheguei à metade da vida. Quando desembarquei no futuro, aquele com o qual eu sonhava aos vinte anos, idade em que todos os sonhos parecem possíveis.

Mas agora é lá que estou. Melhor, aqui. O futuro tão distante chegou. E com ele vieram também os primeiros sintomas. A perda da beleza deixou de ser apenas um leve incômodo e os cuidados inadiáveis com a saúde indicaram o início de uma nova era fisiológica. A vida teria, sim, sua finitude. E eu senti o fim, se não próximo, acenando para mim.

As manifestações, porém, logo ultrapassaram a linha corporal, quando um intermitente questionamento se instaurou. Sobre o quê? Sobre a vida que eu levava. Os caminhos seguidos na carreira profissional, nas relações amorosas, as minhas crenças. A presença de muitos amigos também questionei.

Despedacei minha identidade e escoei-a pelo ralo. O que eu tinha eu não queria mais. Mas também não sabia como me nutrir de novos sentidos. Seria isso o que chamam de crise dos quarenta?

Na busca por respostas, iniciei uma jornada de autoconhecimento. Pesquisei literatura especializada, entrevistei estudiosos, falei com outras mulheres. Procurei entender onde estão posicionadas em uma sociedade machista que reforça sua desvalia ao passo que envelhecem. A crise dos quarenta é moldada pela nossa cabeça ou pela nossa cultura?

Foram muitas as descobertas e são elas que você encontrará nas entrelinhas da minha crise, aqui narrada, ao mesmo tempo que faço uma investigação jornalística sobre ser mulher no mundo de hoje.

    São crônicas da vida de uma mulher de quarenta e cinco anos, de classe média, branca, hétero, que vive em São Paulo e enfrenta uma baita tempestade pessoal.

É no meio deste caos que te convido a entrar.

CAPÍTULO 1

– Pergunta tudo o que você quiser – disse meu amigo Carlos, com os olhos marejados e o lábio inferior tremendo.

Voltou emocionado desse jeito depois de se consultar com o preto-velho.

Eu seria a próxima.

Como assim, tudo o que eu quiser?, pensei aflita. Impossível perguntar tudo o que eu quisesse na roda de umbanda, com cinquenta pessoas em volta, ainda inebriadas pelos cânticos da gira, também esperando para ouvir alguma coisa lá do céu que daqui da terra não dava para escutar.

Com a surdez espiritual, a ajuda era pedida aos desencarnados, os pretos-velhos, símbolo de sabedoria na umbanda, especialistas em aconselhar os dilemas de quem se apresenta em busca de respostas.

Eu também estava lá para isso.

No ambiente, um permanente burburinho. Alguns aguardavam sua vez. Outros, já em consulta, sentados em pequenos bancos redondos, nas laterais do altar, ouviam com atenção os guias espirituais.

A falta de privacidade me incomodava. Centro de umbanda nunca teve confessionário e eu seria obrigada a verbalizar minha questão, suspeitando que qualquer um teria a chance de me escutar. Esse não era o único contratempo. Decidir o que dizer era a parte mais difícil. Elaborar o discurso.

Tudo parecia bem comigo, tudo razoavelmente certo. Uma fase suave quando comparada às anteriores. Sem grandes curvas pelo caminho, eu seguia o percurso da rota.

A sensação, no entanto, era de desvio.

– Próximo!

Deixei Carlos sentado no meu lugar e cruzei o salão, passando pelo estreito corredor que se formava entre os bancos longos de madeira escura, como aqueles das igrejas católicas. *Que estranho encontrar na umbanda assentos do catolicismo,* pensei. Acomodados sobre um piso frio de cerâmica, os bancos transformavam a espaçosa e bem-cuidada casa do bairro da Pompeia em uma releitura dos terreiros dos quintais de terra.

Do lado direito do altar estava sentada a médium, a dois passos de outros três que também seguiam atendendo. Do lado oposto do salão, mais quatro formavam o time de clarividentes.

– Senta, mizifia.

Tentei me acomodar em um banquinho capenga de madeira em frente à médium que aparentava quase sessenta anos. *Dentro dela deve ter muito mais tempo,* pensei, *já que todo preto-velho, além de sapiência, tem bastante idade.*

Respondi ao cumprimento repetindo os movimentos dele, que uniu os pulsos e encostou nos meus, como num brinde. Pegou um chumaço farto de arruda, maior que o seu antebraço, e começou o passe.

– Suncê pensa in Deus.

Justamente ao começar a pensar em Deus meus pensamentos ficaram nebulosos. A fumaça do charuto colado à boca do preto-velho batia direto nas minhas narinas, principalmente na esquerda. É sempre com ela que minhas crises de rinite começam deflagrando espirros sucessivos e molhados. Bem molhados.

Procurei elevar o pensamento com o movimento da minha cabeça para cima, por onde tentei proteger o nariz, que foi rapidamente abaixado pelo preto-velho quando varreu meu rosto com a arruda, em sinal de limpeza energética.

Sem emitir qualquer som, comecei a chamar por ele: *Deus, por favor, não me deixe espirrar na entidade. Na entidade não, por favor, meu Deus*. Além de inapropriado, um tanto ridículo seria me comunicar via espirros num momento sagrado como aquele. Se eu iniciasse uma daquelas minhas crises ininterruptas seria como se tivéssemos invertido os papéis. Eu teria me tornado a médium, recebendo uma entidade alérgica, "baixando" bruscamente a cada espirro.

A briga entre minha narina esquerda e meu autocontrole durou segundos, mas para mim foi como uma batalha épica de horas. Esgueirando em meio à fumaça translúcida, me saí vitoriosa. Talvez tenha sido a fé. Do preto-velho.

Ao final do passe, aliviada, eu me desloquei para outra fila, desta vez para falar com a Mãe-de-Santo-Toda-Poderosa. No caminho considerei se o passe adiantara, mesmo comigo pensando na narina esquerda em vez de Deus.

Não importava. Estava ali em busca de respostas e nada iria me atrapalhar. Minha questão era simples e ao mesmo tempo complexa: eu me sentia desencaixada da vida que levava, sem conseguir aceitar as transformações ocorridas nos últimos anos. A sensação era de ter me deslocado para um lugar indesejado, incômodo, onde eu ficava girando em espiral sem encontrar saída. Olhava para trás para entender como chegara até ali. Olhava para frente e me preocupava sobre como seria dali em diante.

Se todas as previsões se confirmassem, eu estava no meio da vida. Não havia nada que pudesse fazer para consertar o passado e o porvir virara sinônimo de medo e angústia.

CAPÍTULO 2

A Síndrome de Borderline da esposa do meu amigo Carlos deflagrou o fim do seu casamento. Para explicar o que seria esse transtorno de personalidade, evoco novamente os orixás: uma hora a pessoa está calma e doce como um espírito de luz e no minuto seguinte parece um exu fazendo as vezes de demônio da Tasmânia. Para resumir, a vida conjugal de Carlos teve dias melhores.

Depois de separado, ele se mudara para a casa da mãe de oitenta e cinco anos, que cuidava da irmã senil de 80 e também da sobrinha do andar de cima, de setenta e quatro anos. A sobrinha teve um derrame e ficou com uma única sequela física. Um repertório comunicacional enxuto, composto por apenas duas frases, regularmente usadas antes de adoecer: "filho da puta" e "vai tomar no cu".

– Prazer, tudo bem com a senhora?

– Vai tomar no cu! – ela me respondeu ao tom de "muito prazer!", com um sorriso redondo enquanto eu esperava Carlos ficar pronto para irmos juntos ao centro de umbanda.

Presenciei o que ele passava e me comovi com sua situação. Meu amigo mudara de casa e ainda assim continuava sendo xingado, só que agora pela sobrinha enferma da mãe. E eu ali, me consultando com a mesma mãe-de-santo para perguntar onde é que eu tinha perdido o trem.

Assim como Carlos – que tentava ouvir conselhos que o guiassem à renovação conjugal em meio a síndrome psiquiátrica da mulher – muitos ali no terreiro deviam ter questões bem mais sérias que as minhas.

Fiquei imaginando o tamanho dos problemas de todos os outros presentes enquanto me afastava daquela fumaça do passe em direção ao meu assento. Gente desempregada havia um bom tempo, sem recursos para tocar a vida; mulheres tentando sem sucesso ter filhos; homens doentes descrentes de cura; filhos arrasados com a morte dos pais. Pessoas sem esperança. Minha sensação era que sofriam por questões mais importantes que as minhas e que, na realidade, eu nem sabia direito quais eram.

Tinha medo de estar sendo ingrata, mas o fato era que algo me faltava. A vida que levava, mesmo sem percalços, não fazia mais tanto sentido. Sofria uma mudança brusca de perspectiva. Como se tudo o que eu tivesse feito até ali fosse errado, e por esse motivo eu tivesse chegado onde cheguei. Um ambiente inadequado, onde minha alma não encontrava abrigo.

Essa jornada não era feita *para* mim. Mas foi feita *por* mim. Como deixei o tempo correr assim, imperceptível? Como não fiz nada para ajustar a rota?

Em meio a tantas reflexões, cheguei ao assento, aguardando ser chamada novamente depois da sessão de passe. Dessa vez, me consultaria com a Mãe-de-Santo-Toda-Poderosa.

– Agora vai você – logo me chamou a assistente do centro.

Eu me sentei de frente a ela. Mesmo com sotaque de um preto-velho, a voz da Mãe-de-Santo-Toda-Poderosa permanecia esganiçada. A franja loira escapava do turbante branco mesclado de verde-claro. Achei a cor parecida com a de seus olhos.

– Primêro deixa eu sintí tua energia – avisou, passando as mãos nas extremidades dos meus dois braços, levantando-os até ficarem eretos. Enquanto isso, o que meu amigo me disse não saía da minha cabeça.

Pergunta tudo o que você quiser ecoava em minha mente mais forte que os atabaques tocados no início da sessão. Era um indicativo de que a consulta valera e que o preto--velho tinha respostas para tudo. Eu só precisava descobrir como perguntar.

– Êê – resmungou ao passo que soprou mais fumaça direto no meu rosto. – Agora mi diz: o que suncê piciza?

O que eu preciso!? Como responder se nem eu mesma sabia direito o que precisava?

– Cada um sabe ondi dói. Suncê num si preocupa com isso. Êê – incentivou.

Respirei fundo e disparei, num fôlego só:

– Quando olho para trás acho que errei muito com relação às escolhas que fiz e talvez por isso viva descontente. Se penso nos anos que virão, me desespero com o rumo que minha vida tomará.

A mãe-de-santo/preto-velho parou. Uniu os olhos, cílio com cílio. Tragou o charuto umas quatro vezes como se, sedenta, bebesse um suco azedo pelo canudo. Se era difícil eu compreender minhas questões existenciais, imagine uma entidade que nunca viveu neste século. Entendi que deveria ser mais explícita.

– É como se eu estivesse na noite da Pombajira, sem saber para onde rodar. Os lados não parecem se mover como eu gosto e o centro me inquieta.

Toda Pombajira que se preze quer mais é rodar a saia, de um lado a outro, elevando a incorporação ao passo da dança. Não saber para onde se mover é praticamente o anúncio de uma aposentadoria precoce. Mesmo depois de morta. Motivo de *bullying* em qualquer terreiro.

– Hum... – Sorriu com o canto esquerdo da boca, inverso ao do charuto, enquanto olhou para baixo.

Nessa hora, a emanação lembrou a de uma maria-fumaça. Voltou os olhos para mim e disse:

– Suncê vai acendê treis véla branca por treis sabadu siguido no seu cazuá (residência, na umbanda) e vai tomá um banho di discarrêgo. Treis sabadu siguido. Vai cum Deus.

Em pouco menos de cinco minutos eu tinha a receita que me salvaria, de acordo com a umbanda, do que na época eu não fazia ideia do que se tratava: a minha crise dos quarenta.

CAPÍTULO 3

Buscar respostas em um centro de umbanda foi apenas uma das muitas investigações que fiz no esforço de compreender o que se passa comigo nesta transição entre os quarenta e os cinquenta, neste estágio híbrido entre duas gerações, neste momento em que eu sei que não sou velha, mas já deixei de ser garota. Em que eu me julgo mais sábia, porém ainda imatura. Em que eu reúno toda a força que a experiência me garantiu, sem querer abandonar o furor da juventude.

Até quando vou ter saúde? Será que vou passar a velhice sozinha ou acompanhada? Do que vou viver se tiver que trabalhar até os setenta? A todo tempo questionamentos atravessam minha mente, batendo de um lado a outro como as bolinhas dos fliperamas. E agora? O que devo fazer com os próximos quarenta anos da minha vida? (plim! plim! plim!)

Embora muitos assegurem que os quarenta são os novos trinta, a realidade não se desenha como se ouve, a começar pela série de limitações que, de fato, surgem a cada ano. Por exemplo, se eu quisesse ser mãe, teria que enfrentar uma difícil batalha. As chances da maternidade por vias naturais declinam com o passar do tempo e as da assistida, após os trinta e nove, são de um a cada dez.

"Ficar para titia" se configurou muito mais como uma realidade do que uma frase feita. Nesta faixa etária, apenas 5% das solteiras encontrarão um marido, diz o IBGE.

A probabilidade de ascensão profissional, se o caminho já não tiver sido lapidado, é consideravelmente menor. A discriminação por idade é um problema moldado com maior peso para as mulheres, e não preciso tirar da manga estudo algum para afirmar as tantas evidências de discriminação etária na contratação de candidatas ou no pagamento de seus salários, 30% menores. Será que estou pavimentando um caminho para uma aposentadoria estável?

O círculo de relações vem se estreitando por algumas razões. A percepção de quem te quer bem e quem te faz mal é uma delas. A morte é outra. Amigos e familiares já começaram a morrer.

Vejo e sinto um declínio inevitável em várias esferas da vida e as perdas surgem sem que eu espere. Tudo soa muito prematuro.

Como não me dei conta do tempo passando?

Minha crise tinha começado há um bom tempo, mas só notei quando tentei celebrar meu aniversário de quarenta e cinco anos.

Algumas semanas antes da data enviei um convite que eu mesma havia criado para uns sessenta amigos. Baixei um programa de design na Internet e criei algo bem-humorado. O texto remetia à primavera, estação do meu aniversário, encerrando com uma espécie de perguntas e respostas sobre o evento. Ao final, pedia para não trazerem presentes, mas itens para doação a um asilo, brincando que, "apesar da idade", não seriam para mim. "A sua cara", me disseram.

Reservei o salão de festas do condomínio, contratei o churrasqueiro, pesquisei preço das bebidas, montei um cardápio. Ao longo dos dias, fui recebendo as recusas.

"É o aniversário da minha irmã."

"Vou viajar."

"Já tinha combinado outro compromisso."

"Minha mãe vai operar um dia antes."

"Dou plantão."

"É festa na escolinha da minha filha."
"Faz outro dia que eu vou."

Entre os confirmados, minha pequena família – irmão, cunhada, dois sobrinhos, uma tia e uma prima – e apenas três amigos. Os outros não poderiam estar comigo quando eu completasse quarenta e cinco primaveras porque já tinham compromisso. Compromisso com suas próprias vidas.

E o compromisso com a minha? Qual era? Qual devia ser? Qual deveria ter sido?

A data me fez sentir mais deslocada do que nunca. Coisa de espírito que não acompanha o corpo. Como um esvaziamento da alma, tudo deixou de fazer sentido. Fiquei murcha, com uma ambiguidade de sentimentos me assolando nos dilemas da vida amorosa, profissional, na minha aparência, na minha saúde, na minha relação com amigos, na minha fé. Em tudo.

Descobrir que crise existencial é essa foi a minha motivação para escrever este livro. Não queria mais ficar patinando em meio a tantas angústias sobre o ontem, o hoje e o amanhã, ou comparando a minha vida com a de outras mulheres, acreditando que a minha rota estava errada e que todo mundo partiu no trem da felicidade e eu fiquei pra trás, sozinha na estação, sem saber para qual guichê me direcionar.

E as outras mulheres da minha idade? Será que sentem o mesmo? A divagação se tornou recorrente, mas a coragem de perguntar se esvaía quando me dava conta da exposição que sofreria.

Fui buscar entendimento, consolo talvez, com minhas amigas de infância. Será que elas estavam passando pelo mesmo? Nós três, Carla, Ju e eu, surpreendentemente estaríamos em nossa cidade natal, Santos, depois de alguns anos sem nos vermos. Era a oportunidade perfeita para eu questionar sobre como estava sendo a virada de idade para elas.

CAPÍTULO 4

Era sábado à noite, eu me dirigia à casa da Carla para buscá-la e no caminho passei pela rua na qual morei por duas décadas. O bairro pobre da periferia, depois da linha da "máquina" – como chamavam o trem de carga que saía do Porto de Santos –, trazia recordações profundas.

Quando adolescente, sonhava em sair dali e conhecer o mundo. Morar no exterior e ser uma executiva de sucesso com três filhos e um marido bonitão.

Fiquei comovida ao reconhecer a simplicidade da casa em que vivíamos: um sobrado antigo e germinado, de pastilhas brancas. Na garagem, um portão com grades altas e pontudas encontravam as telhas onduladas que protegiam o carro. Era para evitar roubo. Do poste da rua corriam cabos negros que conectavam até o alto da casa, bem ao lado do cano grosso que descia do telhado até o chão e por onde escoava a água da chuva.

O vizinho despachante, com quem dividíamos o muro, continuava por lá. O lar de idosos ainda habitava o casarão da esquina. O cortiço de frente pegou fogo, foi colocado abaixo e ali surgiu uma clínica veterinária.

O Bazar Dengoso permanecia no mesmo lugar. Era lá que eu ia com a minha mãe quando criança. As roupas dobradas eram colocadas em sacos plásticos transparentes, em prateleiras do chão ao teto. Sempre ficava impressionada com a destreza da vendedora que sabia exatamente onde estava determinada blusa em meio a tantas outras, sem qualquer indicação. Bijuterias baratas, que logo descascavam com a água, eram dispostas no balcão de vidro transparente.

Tão diferente das lojas que tive a oportunidade de conhecer, dos restaurantes onde comi, das casas onde morei. Sim, grande parte dos meus sonhos foram realizados. Eu me surpreendo em perceber como a vida se transformou para mim. Por que então essa angústia, como se nada tivesse dado certo?

Parei em frente à casa da Carla, que entrou no carro, e nos dirigimos a um bar alemão para encontrar a Ju, que já nos esperava. As três com a mesma idade, porém, cada uma com um estilo de vida diferente.

Carla se casou logo após terminar o Ensino Médio, com o segundo namorado. Tem dois filhos, um na universidade e o outro ainda vivendo os prazeres da adolescência. A vida financeira passou a melhorar há poucos anos quando ela e o marido, funcionários públicos, foram promovidos praticamente ao mesmo tempo.

Ju está há dez anos no seu segundo casamento, com a Érica, e vivem, sem filhos, em uma casa espaçosa nos arredores de Brasília. Especialista em portos privados, vive o melhor momento da sua carreira. Já eu sou a "pseudodivorciada" independente do trio, que mora em um pequeno apartamento em São Paulo, não se tornou mãe e decidiu – no começo da crise dos quarenta, mesmo sem saber que nela já estava – trabalhar por conta própria.

– Cada uma de nós está vivendo esta fase da vida de forma completamente diferente, não?

– Nossa, muito – responderam as duas em coro.

Ju mexia com frequência na altura da nuca, como se estivesse fazendo um autocafuné nos fios pintados de loiro para disfarçar os brancos. Estava vestida casualmente: jeans e um suéter bordô, encobrindo parte da camiseta amarela que forrava o colo por baixo.

Enquanto descansava os braços com os cotovelos na ponta da mesa, Carla me olhou de modo acolhedor. Foi a primeira a falar:

– Jamais imaginei que fosse chegar aos quarenta com o pique que tenho hoje. Pensava que seria como foi para as mulheres da minha família – ela trajava um vestido florido, com dois círculos abertos na altura dos ombros, conferindo certa sensualidade. Seu cabelo também estava loiro.

Ju rebateu:

– Estou onde queria estar. Independente financeiramente e feliz no amor.

Pedi um salsichão para jantarmos. *"E com bastante chucrute, por favor"*. Virei para ambas e perguntei:

– Quais as principais surpresas de estar nos quarenta?

– Meu jeito mudou, sou menos reativa, deixo passar muita coisa. É a maturidade – disse Ju.

Maturidade... por que será que não me sinto assim... madura.

– As surpresas acontecem diariamente. Todas as conquistas são milagres da vida pra mim – Carla é do tipo espiritualizada. Frequenta a Seicho-No-Ie e faz aula de Ikebana.

– Vocês por acaso já se sentiram invisíveis? Estou solteira e confesso que tenho percebido uma redução gradual das paqueras – comentei.

– Não sou invisível não. Sou bem vista principalmente pela minha esposa, que me enxerga muito.

– Eu me sinto muito notada, e não tem nada a ver com beleza. Acho que é um sentimento que cultivo dentro de mim e que tem a ver com o lado espiritual e com a luz que eu busco diariamente para minha vida.

Comecei a me irritar. Estava esperando, na realidade, depoimentos que ratificassem os meus sentimentos e indicassem que eu não era a única a sentir dificuldade nesta fase da vida, nesta transição.

– Tá bom, meninas, mas quero saber, e as dores dessas *quarentonas*, hein? Quais são as angústias? Tá tudo muito bom até agora.

Ju respondeu quase antes de eu terminar a pergunta:

– Tenho medo de envelhecer porque vi de perto o que é o fim de uma mulher sozinha, que foi o caso da minha mãe.

A minha mãe e a da Ju faleceram em 2014. Elas passaram por tudo aquilo que o idoso doente passa no fim da vida, em uma cama. Vivemos isso juntas, mas à distância. Ju cuidava da sua no Rio de Janeiro, e eu da minha, em São Paulo. Só quem atravessa uma fase assim entende a angústia. Carla não mencionou a morte recente do pai e nem o tempo que ele passou no hospital.

Achei prudente ir direto ao ponto.

– E a crise dos quarenta? Bateu para vocês?

– O declínio físico me incomoda, mas psicologicamente e espiritualmente me sinto bem fortalecida.

– Não tenho crise não! Tô ótima! – Ju respondeu enfática.

Respirei fundo enquanto anotei as últimas respostas. Larguei a caneta, dei mais um gole no chope. Desisti. Já tinha entendido que furacão nenhum tinha passado por ali.

Foi então, ouvindo minhas amigas de infância, que percebi o quão só estava nesta jornada.

CAPÍTULO 5

Depois dessa conversa com a Carla e a Ju me questionei sobre tudo o que sinto. Na realidade, sobre a sensação de estranheza que me abate. Como se agora, além de ter perdido o trem da alegria, ainda me encontrasse sozinha em uma estação abandonada.

Será que era só eu que me sentia estranha? Será que isso acontece só com mulheres que almejam mais da vida? E aquelas que não estão satisfeitas no que se transformaram aos quarenta?

Resolvi consultar o Google, digitando primeiro as palavras *mulheres de quarenta*. *Quarentonas sexies e poderosas, dicas de empoderamento e saúde* surgiram nos primeiros resultados, dando sinais da importância do aspecto físico para a mulher dessa idade.

Tentei outras palavras-chave seguindo as indicações do próprio Google como *quarenta e agora?*, *crise dos quarenta*. O tipo de conteúdo não mudou muito. As discussões sobre o tema na Internet apontavam para uma sociedade que coloca a aparência da mulher como tradução de sucesso.

Será que esse é o ponto principal da minha crise? Boa. MINHA CRISE. Porque esta crise parece ser só minha. A minha crise, a MC.

A busca na Internet me conscientizou sobre a necessidade de ajuda profissional. De alguém que entenda, de verdade, o que é a MC. Marquei uma entrevista com Célia Romão, uma psicóloga junguiana que já atendia há mais de vinte anos. Fora indicada pela sobrinha de uma amiga que era psicóloga infantil. "Ela é muito boa". Essa era a referência.

Aparentando estar na casa dos cinquenta, Célia tinha um sorriso largo em lábios que lembravam as bocas desenhadas por caricaturistas. Os fios grisalhos se distribuíam de forma difusa na cabeleira curta e desgrenhada, indicando que isso já não a preocupava mais.

– A crise dos quarenta existe?

Quando Célia começou a responder, a primeira coisa que pensei foi: FODEU. Quanto mais ela falava, mais eu me identificava, sentia tudo, *exatamente tudo* como ela contava. A MC era real.

– Metade da vida que viveu até aqui tinha vida. Agora, olhando pra frente, tem a morte. O questionamento nesta fase é a morte e o que eu fiz da minha vida.

Eu me mexi na cadeira. Tentei disfarçar o mal-estar, fingindo que nada do que disse me abateu.

– Muitas mulheres nesta faixa etária se perguntam "o que eu fiz da minha vida até este momento?". Ao mesmo tempo sentem ainda o peso da cobrança externa, seja porque não se casaram, porque não tiveram filhos, porque escolheram determinada profissão ou homem como marido. A crise dos quarenta traz uma carga emocional muito forte porque não dá mais pra voltar atrás.

Puxei a saliva tentando molhar a boca seca. *Não dá mais pra voltar atrás.*

A explicação dela tem fundamento.

– O psiquiatra suíço Carl Gustav Jung falava que a partir dos quarenta anos muitos entram em uma etapa que se chama metanoia, quando se questiona sobre onde se chegou e para onde se quer ir. Uma crise na qual tudo o que vem fazendo passa a não ter mais significado.

Um dos primeiros sintomas da crise dos quarenta, Célia me diz, é a depressão. Mas salienta sobre o aspecto positivo desta depressão porque ela pode gerar um contato com conteúdos mais profundos, trazendo uma nova conexão com nós mesmos e um impulso para mudança.

– Essa depressão é um encontro consigo mesma e impulsiona muitas a irem atrás do que deixaram de fazer, do que lhes faz feliz.

Célia reforça que é em razão da crise dos quarenta que muitas começam a despertar para a espiritualidade.

– É quando se entra em contato consigo mesma, justamente na segunda metade da vida. Um encontro com o mistério dentro de si.

Entendi o que Célia queria dizer. Há alguns anos tenho me dedicado a questões espirituais. Minha visita ao centro de umbanda foi apenas uma das religiões que visitei nos últimos anos.

A conversa com Célia não me saciou por completo. Passei a consumir literatura, pesquisas, teses acadêmicas a respeito desse assunto e de outros que fazem parte da vida de qualquer mulher nesta faixa etária. De sexualidade à espiritualidade, lia tudo que encontrava.

Descobri que quem criou o conceito da *crise da meia-idade* foi o médico canadense Elliot Jacques, em 1965. Ele sustentava que nesse período o homem fica frente a frente com suas limitações, suas possibilidades restritas e sua mortalidade. Chegou a essa conclusão depois de analisar hábitos criativos de trezentos e dez artistas famosos, como Chopin, Mozart e Baudelaire, observando um traço em comum: quando os artistas chegavam à metade da vida, a produção criativa diminuía e entravam em depressão, alguns até cometeram suicídio. Ele então testemunhou o mesmo padrão entre seus pacientes. Quando se aproximavam da meia-idade, muitos tomavam consciência de que sua vida era finita e, com isso, relatavam um medo crescente de que nunca conseguiriam alcançar suas metas.

Elliot insistia que esta fase é tão crítica quanto a adolescência, mas em alguns sentidos mais perturbadora, porque atingimos a perda da juventude e com ela o declínio físico. Questionamos nossos papéis profissionais e as crenças espirituais. Percebemos que nem todas as realizações serão possíveis.

Alguns dias depois de ler sobre isso, recebi uma mensagem inesperada da minha ex-terapeuta junguiana, a Jasmin. Nossa relação psicóloga-paciente há tempos havia acabado, dando lugar a uma amizade. Marquei o papo para o dia seguinte.

Jasmin me atendeu com aquele mesmo sorriso acolhedor de sempre e o discurso de quem entende muito do assunto.

– É uma mudança na energia psíquica. Tudo que antes fazia sentido passa a não fazer mais.

O tal do deslocamento que sinto ela chamou de "a pessoa fica desencaixada da própria vida".

– Ou se nega tudo aquilo que não gostou do que fez até agora ou a insatisfação toma conta porque precisa de mais. É uma fase importante porque nos estrutura para a maturidade. Quem não assume a crise normalmente vai ter uma velhice amarga.

Comecei a fuçar o que já saiu na imprensa sobre o assunto e achei um artigo publicado na *Bloomberg,* em 2017, sobre um estudo da Universidade de Warwick, na Inglaterra, que diz ter provas científicas da existência da crise da meia-idade. Dois economistas pesquisaram 1,3 milhão de pessoas em cinquenta e um países e constataram que as pessoas relatam um declínio mensurável de felicidade a partir dos trinta anos até por volta dos cinquenta, quando passam a se sentir satisfeitas outra vez. É como se a jornada da vida fosse uma figura em U. Só passamos a subir novamente após cruzar a curva mais baixa, justamente a da meia-idade.

Outra matéria que encontrei, publicada na *BBC News*, em janeiro de 2020, fala do livro de Jonathan Rauch, um pesquisador do centro de estudos Brookings Institution, em Washington. Chamado *The happiness curve: why life gets better after midlife* (*A curva da felicidade: por que a vida fica melhor depois da meia-idade*, em tradução livre) diz que nosso cérebro passa por mudanças à medida que envelhecemos, concentrando-se cada vez menos na ambição, e mais nas conexões pessoais. "É uma mudança saudável, mas há uma transição desagradável no meio". Rauch explica a crise dos quarenta como uma "quebra de expectativas", uma vez que muitos se dão conta de que as que tinham eram ambiciosas demais.

Nos Estados Unidos, estudos dizem que 75% dos homens e mulheres entre trinta e cinco e quarenta e cinco anos viverão uma crise de moderada a séria. Outros indicam que 10 a 15% da população, no geral, poderiam passar por essa experiência. Não se sabe ao certo. Só se sabe que não acontece com todos. Comigo aconteceu.

    De tudo que li e ouvi, me parece que não é só o vislumbrar de uma cabeleira branca e o caminho da mortalidade que desencadeiam a crise dos quarenta. Acontecimentos distintos e disruptivos podem detonar essa bomba interna. Divórcios, falecimentos, traições, doenças ou perdas financeiras abruptas. Casamentos estagnados que não se renovam ou falta de perspectiva profissional. Filhos que deixam a casa dos pais. Ou, simplesmente, sonhos negligenciados e transformados em amarguras não resolvidas.

    No meu caso, uma revolução se instaurou.

CAPÍTULO 6

Em 2011, aos trinta e oito anos, vivia como em um sonho americano. Minha casa em San Diego, na Califórnia, não tinha portão; o jardim dava na calçada. No fim de tarde, os surfistas passavam em frente em direção à praia, que ficava a apenas dez quadras de distância. Morava havia alguns anos com meu namorado da época e tínhamos nos casado fazia trinta dias. Minha mãe estava internada havia cerca de uma semana e, eu, apreensiva, liguei para minha cunhada. A voz dela era cuidadosa, porém firme:

— Se eu fosse você, voltava amanhã mesmo ao Brasil.

O aviso era preocupante. Minha mãe tinha doença pulmonar obstrutiva crônica que, aliada aos problemas cardíacos e neurológicos, converteu o quadro em algo muito mais sério do que todas as outras vezes. Eu tinha acabado de entrar com o pedido do Green Card e sair do país significava iniciar todo um processo jurídico posterior para poder reentrar nos Estados Unidos.

Decidi ligar para o médico dela.

– O caso é realmente grave. Venha logo.

Vejo depois como voltar, pensei. Não queria correr o risco de não me despedir da minha mãe ainda em vida. Fiz a mala com poucos pertences. Raspei minhas economias e comprei a passagem para o dia seguinte.

Menos de um ano depois, minha mãe se recuperou parcialmente. Como um gato, ela tinha essa capacidade de morrer e renascer. Meu casamento, porém, não resistiu à distância. Meses depois me separei.

Tinha retornado ao Brasil depois de quase cinco anos e, quando cheguei, um tsunami tinha passado e destruído tudo. Minha casa era a da minha mãe. Morávamos ela, suas cuidadoras e eu. Meu quarto tinha cama de solteiro, levando-me de volta aos tempos de adolescente. Cheguei a cair algumas vezes no chão durante a noite, estranhando o espaço estreito.

Muitos amigos haviam se casado e tido filhos, sem tempo nem para um café. Fazia alguns anos que eu não estava no mercado de trabalho. A mãe continuava viva, mas muito enferma. Meu cachorro tinha morrido.

Os anos seguintes foram duros, grande parte dedicados a cuidar dela. Acho que a MC chegou logo depois que minha mãe se foi.

Na mesma semana que minha mãe morreu, eu me mudei do confortável apartamento de três dormitórios no qual vivíamos para um quarto e sala. Procurava, no meu antigo lar, da época de solteira, a distância das lembranças.

Mas não era só a morte da minha mãe que me abalava. Ocupara por alguns anos a posição de "enfermeira-chefe" e sentia falta da rotina. De organizar o plantão das cuidadoras, agendar os médicos, a fisioterapeuta. De comprar os remédios, ir ao mercado, orientar a faxineira. Até de fazer o turno da noite, quando alguma cuidadora faltava. Era a gestora profissional da enfermaria montada em casa quando fui demitida sem aviso prévio.

A rotina vazia não me ajudava a enfrentar a orfandade. Perdi pai e mãe e não fiz filho. Onde minha família foi parar?

Sem dúvida, agora vejo. Foi em um dia, sozinha, no meu pequeno apartamento, que a MC me visitou pela primeira vez.

Na segunda, ela se mostrou pelo espelho.

CAPÍTULO 7

Suêmi aplicava delicadamente o tonalizante, separando o cabelo em pequenas mechas e deslizando o pincel da raiz à ponta dos fios. Nenhum branco poderia ficar de fora e ela sabia disso.

Meu olhar encontrou o de Suêmi vez ou outra no espelho. Ela ensaiou um sorriso, eu retribuí.

Minha expressão não era das melhores. Ainda não me acostumara à rotina mensal na qual a missão era resgatar o castanho-escuro das minhas madeixas, procurando relembrar a juba vigorosa que fora um dia.

– Você não tem tanto assim. Além disso, é cabeluda. Os brancos se escondem bem – atestou como se lesse meus pensamentos.

– É verdade – respondi nem um pouco convencida.

A verdade é que em duas semanas eu veria aquele brilhinho cinza saindo da raiz, sinalizando que teria que camuflá-los muito em breve.

O aparecimento dos fios brancos representou um anúncio oficial do início do meu envelhecimento. A linha da "grisalhice" fora cruzada e nada, nem tonalizante algum, seria capaz de reverter tal situação. Como o Sansão que perdeu sua força quando teve os cabelos cortados, o enfraquecimento da minha feminilidade ocorre tão gradual quanto a mudança de cor dos meus fios.

Mais que uma alteração estética, vivo uma perturbação psicológica, pois os grisalhos potencializaram uma antiga mania: arrancar os fios. Assim, do nada, gratuitamente, eu extraio meus próprios fios de cabelo. Antes, porém, eu brinco com eles, acariciando, sentindo sua textura. Pego o fio com o indicador e o dedão e me delicio nesse passeio. Até que o arranco, sem compaixão, acabando com meu próprio deleite.

Tricotilomania é o nome disso e me acomete quando estou deprimida, ansiosa ou simplesmente puta da vida. Quando mergulho profundamente em meus devaneios isso também acontece. Parece que me ajuda a pensar. De densidade mais grossa que os castanhos, os fios brancos possuem uma irregularidade similar aos pelos pubianos, me enlouquecendo na missão impossível de transformá-los em lisos. É estranho. Eu sei. E com o aumento dessa população a tarefa virou interminável. "A cada branco que se arranca nascem mais dois", dizia minha mãe.

Outra cabeleira também profetiza o fim da minha juventude. Aquela, lá de baixo, onde encontrei, outro dia, dois pentelhos brancos. DOIS! Um de cada lado. Fincando sua bandeira territorial, como que reconhecendo o território que logo será de seu domínio.

Meu corpo tornou-se protagonista, e eu, mera espectadora das transformações que sofro. Obcecada em assistir a este espetáculo de horror, onde meço de perto a evolução dos estragos, adotei o hábito de fazer regularmente uma espécie de vistoria, melhor dizendo, uma sessão de tortura. Nessa empreitada, minha arma é o espelho; meu algoz, eu mesma.

Primeiro, movimento os braços em sinal de carona e vejo meus tríceps balançarem como uma flâmula em dia de tornado. Quando assisto a essa cena transmitida em tempo real, pelo espelho, sempre penso se ainda conseguiria uma carona vestindo uma regata. Não que necessariamente eu ache que só mulheres jovens e bonitas consigam e mereçam uma carona. Mas tenho a impressão – talvez influenciada pelo cinema ou pela TV– que essa ajuda possa vir mais rápido àquelas com melhores dotes físicos. Ou tríceps mais firmes.

Levanto os braços e percebo que no lugar daquela cova que se afundava em minhas axilas vive agora um monte proeminente composto de gordura, transformando meu sovaco em sovaco de gente madura. Em sovaco de *coroa*. Na Internet, *coroa* tem definições como *alguém entre adulto, jovem e idoso. Com sinais de envelhecimento*. Pois é, é assim que vejo meu sovaco. Meus seios analiso pela lateral, o pior ângulo que posso ter deles. Mesmo que a decadência ainda seja moderada, não refletem mais o que já foram um dia. Pouco interesse tenho em saber a respeito dos motivos, da flacidez dos tecidos, da redução de colágeno blá, blá, blá. Fodam-se essas explicações. Minhas tetas estão caindo e é triste ver.

No centro do meu corpo, uma barriga saliente ocupa o lugar antes preenchido por um abdome tão chapado quanto uma tábua de passar roupa. Fico puta quando me sento e vejo surgir de todos os cantos a gordura que lá já estava acumulada, mas que ereta eu ignorava. Passo a mão e sinto um terreno arenoso, desconfortável. Impróprio.

Na região lombar, duas câmaras de bicicleta infantil se agarraram abaixo da cintura, prometendo ser a companhia ideal para um maiô. Empino meu bumbum só pra fingir que ele ainda está como antes. Mas a verdade é que, quando giro os pés e olho de costas para o espelho, minhas nádegas deixaram de ser montanha. Agora lá é tudo morro. Logo mais, será ladeira.

Desço o olhar para as pernas. O pequeno volume de pele se aglutinando acima dos joelhos dá a leve impressão de que as coxas estão derretendo. Os joelhos, aliás, estalam cada vez mais, talvez pela força que fazem para segurar esta massa flácida.

Volto os olhos em direção ao rosto. Antes, escondido pela vasta cabeleira, agora se apresenta mais redondo, com marcas se insinuando embaixo dos olhos, menos evidentes que o bigode chinês. O cair das bochechas retrata uma eterna falta de ânimo e a pequena papada revela a possibilidade do surgimento, em breve, de um filhote de queixo.

Passei a encobrir a fronte maltratada pelo Sol com uma franja. Uma vez cheguei a aplicar botox, mas decidi que era a última. Humilhante pagar uma fortuna para tomar injeção na testa. Sem contar que a transitória paralisia das minhas sobrancelhas congelou minhas expressões. De que adianta aparentar mais jovialidade se quando grito "Porra! Outro fio branco!" é o mesmo que dizer algo tão singelo quanto "Um copo d'água, por favor?".

Contemplo meu pescoço e enxergo duas faixas profundas querendo fatiá-lo em três. No colo, correm marcas como pequenos riachos irregulares. Por que não usei filtro solar diariamente nos últimos vinte anos? Por quê?

Com contornos arredondados, os braços estão ganhando vida própria. Minha tia me disse outro dia:

– Seu pai acharia graça se te visse. Vivia me dizendo, na sua idade, que eu tinha ficado com braço de 'Popeye', assim, como os seus estão ficando – Ela se referia aos braços largos do personagem de desenho animado.

Enquanto eu abominava a maldição paterna, pensei que talvez fosse melhor exterminar o espinafre da minha dieta.

Manter a dieta, aliás, é um difícil sacrifício e o peso passou a ser uma batalha permanente. Diferentemente de alguns anos atrás, se ultrapasso certa quantidade de comida no garfo a balança logo anuncia que preciso controlar a gula.

Poderia aqui explicar todas as questões fisiológicas que resultam no aumento progressivo de peso, mas o fato é que, simplesmente, essa máquina chamada corpo começou a ficar mais lenta. A cada ano, entre os quarenta e sessenta anos, ganhamos em torno de seiscentos gramas de gordura enquanto perdemos duzentos gramas de músculo. Nessa gangorra metabólica, a disputa para ficar por cima é, decididamente, inglória.

Há um tempo passei cinco dias em um spa a convite do meu irmão. Achei uma ótima ideia. Ficar "internada" em um lugar capaz de me oferecer um cardápio saudável e ao mesmo tempo me ajudar a controlar a fome.

Acomodado em um imenso terreno no interior de São Paulo, lembrava um hotel-fazenda. Eucaliptos rodeavam a área como um muro natural, ladeado por uma pista de cooper. A quadra de tênis ficava mais ao fundo, ao lado de uma academia equipada para treinar um batalhão do exército. Na piscina aquecida, aulas de hidroginástica. Meus dias seriam comer saudável e malhar.

Assim que cheguei, fui convidada a entrar em uma sala e retirar a roupa para me pesar. Não me surpreendi com o que vi na balança, eram aqueles quilos a mais que me tiravam a forma.

Ao final do exame, pediram para eu abrir a mala.

– Porque tem paciente que traz comida e a dieta aqui é restritiva, ninguém pode sair dela – explicou a funcionária.

Estranho. Que pessoa no mundo levaria comida de fora para burlar o regime do spa quando está justamente pagando para comer o que é servido lá dentro?

Voltei à recepção e meu irmão me disse:

– Vamos fazer a dieta menos calórica?

– Claro! – respondi empolgada, sem saber exatamente o que isso significava, mas me parecia óbvio. Eu estava determinada a emagrecer. Quanto menor a quantidade de calorias melhor seria.

Quando me sentei para o almoço, me dei conta de que talvez eu tivesse exagerado na decisão. O cardápio era um peito de frango menor que a palma da minha mão e de acompanhamento três rodelas de cenoura cozida. TRÊS. E assim foi no jantar. E no café da manhã. E no que eles tinham coragem de chamar de lanche vespertino e noturno. A quantidade de comida servida era tão pequena que o prato parecia que fora feito para gigantes.

A dieta menos calórica somava apenas seiscentas e cinquenta calorias diárias. Foram cinco dias de tortura em que eu me condenava por não ter levado um pacote de bolacha ou cacho de banana em algum fundo falso da mala.

Eu podia me distrair malhando, mas a fome não me deixava exercitar direito. Ao longo dos dias foi como se minha energia fosse se esvaindo pelo ralo da piscina durante as aulas de hidroginástica. E ainda me pediam para correr dentro dela.

– Vamos lá! Mais uma volta! – gritava o professor.

Exausto, meu corpo perdia cada vez mais o equilíbrio enquanto tentava transformar a piscina em pista de corrida. Usei então a "tática do deserto". A cada volta me imaginava indo em direção a um suculento frango, daqueles de padaria. As boias ao longo da piscina representavam o forno industrial, e seu balanço a rotatividade dos espetos. O respingo da água era a gordura se derramando nas batatas que assavam embaixo da pobre ave. Como se estivesse em um oásis, eu me refestelava em ilusão.

Mas ilusão não enchia barriga e eu terminava o almoço pensando na próxima refeição. Os intervalos entre elas se tornaram intermináveis.

– Chá de gengibre, café e 'chupe-chupe' é à vontade – disse uma funcionária.

O chá de gengibre só me fazia ir ao banheiro a cada meia hora. O café? Trouxe praticamente uma overdose de ansiedade. O chupe-chupe nada mais é que um suco de saquinho, daqueles de pó mesmo, embalado em um saco plástico do tamanho de um picolé que, congelado, vira uma espécie de sorvete light. Coisa mais sem graça. No começo até achei que disfarçava o apetite, mas depois, com a ira crescente que a fome traz, eu me sentia fazendo um boquete imaginário onde só o chupe-chupe sentia o prazer da sucção.

A toda hora pensava em comer do pé da mesa ao que sobrasse do prato dos que selecionaram dietas mais calóricas, para não dizer os planos noturnos, quando a fome apertava e o ronco do estômago não me deixava dormir.

Comecei a me imaginar entrando na ponta dos pés na cozinha do spa, com uma faca de ponta redonda na mão e toda a coragem do mundo. Pegaria os funcionários de surpresa.

– Passa essa folha de alface! AGORA!

Na minha fantasia, os funcionários me olhavam apavorados enquanto separavam as folhas.

– O espinafre não! Só a alface, PORRA!

O sonho da vilã faminta nunca virou realidade e admito que a experiência do spa foi recompensadora. Perdi dois quilos e meio em cinco dias.

Tudo reconquistado um mês depois, no Natal.

Toda garota criada na praia tem pavor de usar maiô. Um traje "ultrajante" de banho, que confere a certidão de que a usuária não tem mais curvas para desfilar à beira-mar.

Sabendo que a sinuosidade da minha cintura fazia sombra apenas nas areias do passado, decidi experimentar. Sei lá, queria checar no que eu me transformaria e entrei com esse propósito, certo dia, em uma loja do bairro onde moro.

Preferi um modelo simples, azul-marinho, prevendo que a cor escura ajudaria no meu disfarce. Como se o maiô pudesse se transformar em uma capa de invisibilidade e esconder tudo aquilo que meu corpo revelava.

Vesti já estranhando a peça única. Bem maior que o biquíni, dava a impressão de estar me aprontando para a natação. Coisa mais esquisita. Quando me olhei no espelho, tudo ficou pior. No reflexo, vi uma baixinha com curvas que lembravam mais um cajón que um violão.

Abri a cortina e chamei a vendedora. Precisava de uma confirmação ainda que esperasse por uma não confirmação. Poderia estar sendo muito crítica comigo mesma.

– O que você acha?

– É, não definiu muito sua cintura, né?

Olhei-a de cima a baixo.

Jovem, magra, bonita, com as costas cobertas por madeixas loiras, sem um único fio branco.

E a filha da puta ainda sorria.

– Vou trazer outro que talvez fique melhor.

"Talvez".

O próximo modelo, todo estampado, com duas alças para amarrar atrás do pescoço, só confirmou o que eu já sabia. O que ela já sabia. O que provavelmente todo mundo que me vê de traje de banho já saiba: meu corpo não é mais como antes.

– Realmente ficou meio "quadradão", né?

É, ficou, pensei, enquanto fechava a cortina do provador com violência e arrancava alguns fios de cabelo na sequência. Infelizmente, nenhum era branco. A gostosinha honesta e sorridente tinha assinado o decreto: nem o maiô escondia a *quarentona* que habitava em mim.

Quando se é criado em praia logo se descobre que o corpo vale mais que qualquer outro atributo, determinando como somos vistos, definindo nossa identidade social. Todo o resto que nos representa parece não ter valor. Mas por que o corpo virou a única coisa que parece importar? Por que o corpo nos ajuda a ascender socialmente?

Países tropicais favorecem o uso de roupas mais despojadas, colocando a aparência física evidente na vida cotidiana. No caso da mulher, o olhar de consumo do corpo é potencializado, afinal, sempre fomos vistas como mercadoria.

O culto ao belo é traduzido hoje em número de cirurgias plásticas. Estamos na segunda posição no *ranking* mundial de intervenções, atrás apenas das norte-americanas.

Um lado meu me diz que tudo isso é uma grande besteira. Que cada um tem sua beleza e deve se aceitar do jeito que é. Que se eu, como mulher, levanto a bandeira do culto ao corpo, ando na contramão do feminismo e do que também acredito: o espaço ocupado por nós mulheres deve ser conquistado pelo que somos e não pelo que aparentamos, e seguir os estereótipos físicos só nos oprime e despersonifica.

Se acredito na igualdade de condições entre os gêneros, por que procuro seguir padrões que me nivelam ao olhar machista de puro objeto sexual, no qual a estética vale mais que meu caráter?

Busquei pesquisas e literatura sobre como a cultura do corpo impacta a mulher madura e encontrei um livro da antropóloga Mirian Goldenberg. Em *O corpo como capital: estudos sobre gênero, sexualidade e moda na cultura brasileira*, a autora conta que aplicou uma mesma pesquisa em brasileiras e alemãs. Enquanto as brasileiras têm uma aparência muito mais jovem que as alemãs, elas se sentem mais velhas e desvalorizadas. O corpo é sentido como objeto de extremo sofrimento e o envelhecimento, um momento de grande perda.

Para as alemãs é diferente. Elas aprenderam desde cedo a ver no espelho o conhecimento e a experiência que adquiriram em vida e não se o maiô esconde as imperfeições. Sem tentar segurar a todo custo a curva física declinante, o envelhecimento é vivido como uma fase de ganhos e realizações.

Parece tão óbvio que é assim que tem que ser, seguindo o fluxo natural da vida. Mas não é. Eu também me influenciei pelas cobranças impostas pela sociedade, e a beleza física e a jovialidade viraram características importantes para mim. Foi a cultura que absorvi. O que sempre vi na TV, no cinema, nas revistas, nas rodas de conversa. Na vida.

Saber que sou muito mais do que um corpo não muda a sensação de perda de valor que a deterioração das minhas formas provoca. Minha decadência orgânica é um dos desafios mais difíceis que já vivi. De uma hora para outra passei a não reconhecer mais meu corpo como meu e, assim, nossa relação também mudou. Uma barreira foi criada entre nós, capaz de nos desconectar.

Ele é um.

Eu sou outro.

A filósofa e escritora francesa Simone de Beauvoir chegou a comentar essa sensação: "A velhice é particularmente difícil de assumir porque sempre a consideramos uma espécie estranha. Será que me tornei, então, uma outra, enquanto permaneço eu mesma?".

Sim, sou outra dentro de mim mesma. Minha mente é jovem, quer conquistar o mundo; meu corpo reclama e não consegue carregar sequer a sacola do supermercado, que dirá seguir na tão sonhada peregrinação pelo Caminho de Santiago de Compostela sustentando uma mochila de dez quilos nas costas.

Como manter a autoestima em uma sociedade onde tudo o que é associado à juventude é realçado como positivo, enquanto o que é velho é descartável? Como desconstruir tudo o que aprendi e incorporei até hoje?

Só via duas opções para superar a crise do espelho: fazer uma lipoaspiração ou voltar à terapia.

Há anos deixei de fazer análise, mas a MC me levou de volta ao divã. Fui à primeira sessão conhecer uma profissional indicada por uma amiga. Achei que valeria a tentativa. A terapeuta tinha ajudado minha amiga a sair de uma baita crise existencial, daquelas do tipo quem sou e onde estou. E nem quarenta anos ela tinha.

O consultório estreito era clássico e extremamente minimalista. Sem personalidade. A cadeira nada lembrava um confortável divã. O sorriso contido da terapeuta sexagenária era o principal item da decoração.

– Por que você está aqui?

Porque fiquei uma merda quando provei um maiô, porque ninguém mais vai me dar carona se meu carro quebrar, porque meu corpo é de quarenta, mas minha mente não passa dos trinta. Tanta coisa pra dizer, sem conseguir organizar os pensamentos. Falar da MC não tem sido fácil. Talvez nunca seja.

– Porque estou envelhecendo.

– Como assim?

– Eu acho que estou aqui porque estou envelhecendo e não consigo lidar com isso.

Ela me olhou de cima a baixo. Fazia calor e eu estava vestida com um short jeans e uma camisa roxa, estampada com pequenas flores brancas. A aparência era leve como o primeiro dia de primavera. Mas a estação e o meu humor eram de outono.

– Você não me parece velha.

– Pois é. Mas já estou com quarenta e cinco anos.

A terapeuta exibiu um sorriso. Parecia que pensava: *Querida, você não sabe, ainda, o que é envelhecer.* Mas me disse:

– Me conte mais sobre você. Quero saber sua história.

Procurei resumir em poucos minutos. Onde nasci, minha relação com meus pais, com meu irmão, minhas conquistas profissionais, meu histórico amoroso, minha rede de amigos. Reforcei principalmente os acontecimentos dos últimos anos. A vida no exterior, o pseudocasamento, mãe doente, morte. Disse que não me sentia bem neste lugar, mas também não sabia para onde ir. E que olhar no espelho e não me reconhecer estava me apavorando. Principalmente porque não havia muito o que pudesse ser feito.

– Acho que estou na crise dos quarenta – adiantei o diagnóstico.

Ela abriu um sorriso largo. Eu me senti uma criança chorosa, perdida, meio ridícula até, me expondo ali para alguém que acabara de conhecer.

– O que você precisa é de colo.

Ah, realmente. Um colinho e uma lipoaspiração cairiam muito melhor do que um maiô, tive vontade de dizer. Mas ela estava certa. Há quanto tempo eu não tinha um colo? Acho que, sem exceção, todo mundo gosta de colo. Traz segurança. Proteção. Aconchego. Apazigua a alma.

Eu adoraria ter um colo. Mas ao final de nossa conversa descobri que cada sessão semanal custaria quinhentos e cinquenta reais.

Resolvi vestir uma cinta modeladora e escrever este livro.

CAPÍTULO 8

Ficar doente de verdade passou a ser meu maior temor. Maior que ver minhas tetas caírem e minha barriga amolecer. Maior que minha "grisalhice" (inclusive a pélvica). Maior que toda a minha frustração ao me olhar no espelho. Não é à toa. Tenho um histórico familiar povoado de enfermidades.

Meu pai morreu aos cinquenta e quatro anos com o mesmo tipo de câncer da mãe dele, no intestino = 2 cânceres.

Meu avô paterno era diabético e morreu de infarto, e meu avô materno de enfisema pulmonar = 1 doença crônica + 1 cardíaca + 1 pulmonar.

O câncer de fígado levou minha avó materna e minha mãe se foi após uma combinação de doenças no coração, no pulmão e outra autoimune = 1 câncer + 1 cardíaca + 1 pulmonar + 1 brinde (autoimune).

Meu corpo reúne, de um lado, a carga genética do câncer, de outro, de doenças crônicas que provocam várias outras questões que também levam à morte.

<u>Total geral</u> = MEDO PARA CARALHO.

Sei que ainda sou considerada jovem para a Medicina, mas também compreendo que a partir de agora os cuidados são outros. "Atrás é vida, à frente é morte", me lembro das palavras da psicóloga toda vez que me imagino descendo a colina da longevidade rolando ladeira abaixo.

Há alguns anos decidi parar de fumar depois que uma tomografia revelou um pequeno nódulo no pulmão esquerdo. Benigno, mas lá estava ele, sinalizando que muitos anos de tabagismo se passaram e a conta estava chegando.

Meu organismo, aliás, vem sofrendo cada vez mais alterações. O colesterol "de livro", como dizia minha médica, agora vive limítrofe. Parece que qualquer comida que ingiro vira gordura (e não há chupe-chupe que mude isso). A miopia dobrou de grau. Isso quer dizer que já faço parte daquele grupo de pessoas esquisitas que precisam tirar os óculos para enxergar de perto.

Os hormônios decadentes e a menstruação escassa apontam que minha fase reprodutiva está rumando ao fim. Um mioma passou a habitar meu útero e a artrose no dedo do pé direito me impede de praticar certas atividades físicas, assim como a coluna vertebral, que precisa de duas páginas da ressonância para esclarecer os motivos da dor crônica.

Na vistoria recorrente do espelho, encontrei meus dentes inferiores cada vez mais entortados. Fui à dentista, que me disse:

– Com a idade isso é muito comum. Você nunca reparou que está cheio de velho por aí com dentes tortos?

Não, não reparei, mas as palavras velho e tortos ecoaram na minha cabeça como um sino na hora da missa e são elas que podem fazer eu procurar outra dentista! Adoraria ter dito isso, mas apenas grunhi o discurso mentalmente porque minha boca estava aberta e com sugador de saliva pendurado do lado esquerdo.

Outro dia acordei com meu próprio ronco, como acontecia com meu avô. O médico me disse que desenvolvi uma rinite alérgica crônica com o tempo, que traz alterações no palato... blá, blá, blá.

Com o tempo...

TIC TAC – TIC TAC

O barulho do relógio pregado na parede me afastou dos devaneios sobre meu corpo e minha saúde, mas não me ajudou a esquecer que as fases da vida passam rápido. Eu divagava enquanto estava na sala de espera da médica uroginecologista, Miriam Waligora, com quem teria uma conversa séria sobre a saúde da mulher nessa faixa etária. Sobre como envelhecer bem.

TIC TAC – TIC TAC, tocava o relógio, enquanto eu aguardava ser atendida. Na minha alma, meu relógio biológico ressoava destoante. Se às vezes procurava esquecer a

velocidade do tempo, meu corpo fazia questão de me lembrar.
Ainda pensava na descoberta dos pentelhos brancos.

– Você é a próxima? – perguntou a secretária.

TIC TAC – TIC TAC.

– Sim. – *E já tenho pentelho branco*, quase respondi.

Dra. Miriam Waligora é uma mulher bonita e não aparenta ter passado dos cinquenta anos. Loira, olhos verdes, ela se mantém enxuta.

Este é um assunto que adoro falar – disse quando perguntei se me daria uma entrevista para o livro que eu estava escrevendo.

Há anos a conheço profissionalmente e sei como é boa no que faz. Médica respeitada, tem entre seus *cases* de sucesso o complicado pré-natal e parto de uma tetraplégica, a mesma que inspirou a personagem Luciana da novela *Viver a vida*, exibida pela Globo em 2009.

Para mim, ela é importante porque fez o parto dos meus dois sobrinhos e cuidou da minha cunhada em duas gestações bem difíceis. Vive em congressos internacionais, tem especializações, é do corpo clínico do Hospital Albert Einstein. O tipo de médica que tem sempre uma solução no bolso do jaleco. Uma bela fonte para eu entender como manter a minha "beleza interna" e de todas as mulheres que comigo caminham rumo aos cinquenta. Com ou sem crise.

Meu maior medo, confesso, é virar senhora. Estou no climatério, o que quer dizer que logo mais a menopausa chegará, trazendo com ela todas aquelas transformações no mínimo desagradáveis: a perda da fertilidade, da libido, da beleza. Só de imaginar quase arranquei alguns fios de cabelo. Eu me segurei porque estava na frente da médica.

– A perda da fertilidade é o que impacta mais a mulher nesta fase porque assinala tecnicamente um período a partir do qual ela não será mais capaz de gerar – disse Dra. Miriam.

A não ser na adolescência, o sonho de ser mãe nunca foi grande. Algumas vezes me ocorreu, principalmente no tempo em que dividi minha vida com alguém, mas considero que foi um desejo quase sutil, que pouco durou. Acho também que o fato de ter uma mãe doente a vida toda, assumindo a figura de cuidadora-chefe, reforçou a ideia de que já exerci a maternidade, mas no papel de filha.

O que me incomoda é o fato de eu não poder escolher. Não é minha escolha engravidar ou não.

É dele.

Meu corpo decide quando. Eu, insubordinada que sou, me revolto com essa impotência.

Mais uma vez, compartilhei minhas aflições com outras mulheres. Nesta altura, já sabiam do meu projeto de escrever um livro e pouco me importava com possíveis julgamentos. Bem diferente da vergonha que senti quando fui ao terreiro.

Perguntei a algumas mulheres nesse grupo etário, e do meu grupo social, se a menopausa as afligia e por quê.

"Não sou bem resolvida com relação a não ter mais filhos."

"Eu às vezes deprimo em saber que talvez eu não tenha mais tempo de ser mãe."

"O envelhecer como um todo é uma questão forte pra mim."

Não é pequeno nosso medo de cruzar essa linha hormonal e encerrar a juventude de vez. Eu sempre ouvia da minha mãe "Quando chegar lá você vai entender". Não dizia nada mais, porém enunciava que boa coisa não era. Estudos sempre confirmam a apreensão da mulher frente à menopausa. É um marcador determinante do envelhecimento.

– Entrar na menopausa não significa 'morrer' para várias coisas como muitos pensam. A mulher continua com libido, energia, com interesse pela vida. Sabe por quê? Porque já temos tratamento – me anima a Dra. Miriam.

A reposição hormonal virou tabu quando pesquisas apontaram maior incidência de câncer de mama. Por isso perguntei sobre os riscos.

– Reposição não dá câncer. A vida dá câncer! São vários os hábitos que interferem, além da carga genética. O impacto da reposição na saúde é muito pequeno diante da vantagem que se tem. O benefício é indiscutível, mas a sociedade resiste pela visão machista de que mulher "não serve mais" após a menopausa. Temos que acabar com esse mito.

A Dra. Miriam enfatizou que o tratamento faz parte de um todo, de um olhar integral para a paciente que, nesta fase, é bom lembrar, disse ela, está apenas na metade da vida.

– Até meados do século passado, a mulher de quarenta era a 'matrona' que ficava em casa, já tinha filhos grandes, ficou obesa, hipertensa e diabética. Mas hoje, a mulher de quarenta corresponde, fisiologicamente falando, a de vinte do século passado. Ela é uma mulher jovem.

A mulher de quarenta hoje é uma mulher jovem, pensei otimista. "Ainda sou considerada jovem. Ainda sou jovem", procurei reforçar em minha mente, como um mantra *JOVEMJOVEMJOVEMJOVEMJOVEMJOVEMJOVEM JOVEMJOVEMJOVEMJOVEMJOVEMJOVEMJOVEM.*

Como me manter assim por mais tempo? Como retardar os indícios da minha próxima década?

Além do tratamento para a menopausa, o que mais preciso fazer para viver bem esta fase e me preparar para a próxima?

– Comer pouco e fazer atividade física. A medicina já sabe que o sobrepeso é a causa da maioria das doenças que impactam nossa saúde e nos mantemos sedentários mesmo que não queiramos. A vida moderna nos trouxe isso. Quanto mais envelhecemos, menos nos mexemos.

Sempre soube como a elevação do peso pode trazer complicações, mas não esperava que isso estaria entre as principais recomendações que ouviria. Fui preparada para ouvir sobre ingestão de cálcio para os ossos, colágeno para a pele, enfim, conselhos médicos mais específicos para aquelas (ou seria para mim?) que acharam pentelhos brancos e não sabem ao certo se tingem, depilam ou aderem à "grisalhice" pélvica como uma tendência hipster.

– É importante se manter magra. Reduz muito os riscos de hipertensão, problemas cardiovasculares e diabetes. Além disso, se a mulher ganhar dez quilos na transição da menopausa terá três vezes mais chances de apresentar incontinência.

Magra. MA-GRA. Tenho que me manter MAGRA.

Atividade física. Tenho que fazer mais ginástica. Mais musculação. Mais yoga. Tenho que caminhar mais.

MIJAR NAS CALÇAS! Não quero MIJAR NAS CALÇAS!

Menos. Tenho que comer MENOS. Tenho que me estressar menos. Não posso voltar a fumar.

Talvez assim consiga ter uma longevidade saudável. Talvez não.

Minha cabeça pira. Tenho que fazer TANTAS coisas para cruzar a linha da maturidade bonita e bem de saúde. Cansa.

Minha paranoia aumentou. Porque cuidar do corpo virou uma questão de saúde e me manter no peso a primeira regra a ser cumprida neste difícil jogo de disciplina.

– Se suas pacientes nesta faixa etária fazem tratamento da menopausa, se mantém ativas e cuidam da silhueta, que outras queixas elas apresentam em consulta?

– A mudança estética é a ordem do dia.

Dra. Miriam não se refere a uma correção no nariz ou a uma lipoaspiração abdominal, mas sim ao rejuvenescimento íntimo, em outras palavras, à grande procura por cirurgias plásticas nos pequenos lábios.

Meus lábios – os de cima – ficaram boquiabertos nessa hora. Principalmente, porque acabara de descobrir que não era "só a minha". Eu me animei com a perspectiva de voltar a ter viço de novo, como se pudesse repor os cabelos grisalhos para sempre. Ao mesmo tempo, me questionei. A sociedade molda tanto o padrão de beleza que até nossa "xana" deve ser plastificada para que sejamos aceitas? Dra. Miriam explica.

– A recomendação vai além da estética. O excesso de pele pode causar desconforto na relação sexual, principalmente quando se entra na menopausa porque a vagina atrofia com a queda do estrogênio.

Perguntei a ela o que mais aflige a mulher de quarenta que não tem acesso a um bom sistema de saúde.

– Nosso SUS é referência mundial, apesar da sociedade se queixar. É possível encontrar vários hospitais e laboratórios com médicos comprometidos, prontos para escutar e recomendar um tratamento adequado para mulheres na menopausa. O Pérola Byington é uma boa referência, pois só cuida da saúde da mulher. Fale com eles.

Agendei uma entrevista com Luiz Henrique Gebrim, diretor-médico do Hospital Pérola Byington. Queria comprovar de perto a assistência recebida no sistema público.

O maior impacto senti quando olhei com cuidado para as pacientes que ali transitavam. Aparentavam uma fragilidade muito maior, eram mais sofridas. Seus rostos revelavam medo. Demonstravam estar ali por algum problema sério.

E eu escrevendo um livro por causa da MC... É fato que as classes sociais mais vulneráveis não sofrem crise de meia-idade; elas têm crise de sobrevivência, muito mais preocupante que a MC. Mas, como disse o preto-velho: "Cada um sabi ondi dói". Com essa lembrança, procurei esquecer as diferenças de crises entre classes e segui para a Diretoria do hospital.

Dr. Luiz é especializado em câncer de mama, membro da American Society of Breast Diseases e há mais de treze anos está na gestão de um dos centros médicos mais importantes da saúde da mulher no Brasil.

– Como está a saúde da mulher na faixa dos quarenta anos que procura o hospital, Dr. Luiz?

– A mulher dessa faixa sofre uma série de doenças relacionadas aos maus hábitos como sedentarismo, alimentação inadequada, consumo de álcool e tabagismo. Na Inglaterra, estudos mostram que o consumo moderado e frequente de bebidas alcoólicas é indutor de câncer de mama, intestino e esôfago na mulher, principalmente nesse grupo etário.

— Existe um protocolo de saúde pública para essas mulheres?

— Está provado no mundo todo: é necessário parar de fumar, ter uma alimentação adequada, fazer atividade física e tratar da pressão alta e do diabetes. A pílula mágica está no dia a dia.

"A pílula mágica está no dia a dia"...

Mas, e o câncer de mama? A apreensão é recorrente, principalmente depois dos quarenta. Um pesadelo que povoa minha mente. Ainda no início dos trinta fiz o autoexame e meus olhos quase saltaram do globo quando saiu sangue pelo bico do seio esquerdo. Foram mais ou menos dois meses entre exames, cirurgia e biópsia para descobrir que não passava de uma inflamação em um ducto mamário. Um susto e tanto.

Dr. Luiz explicou que depois dos quarenta uma a cada dez mulheres terá câncer de mama, mas isso já deixou de ser uma sentença de morte. De acordo com ele, a América Latina evoluiu muito no tratamento e por isso a mamografia está incluída na cesta básica do serviço público somente a partir dos cinquenta anos.

Uma a cada dez, pensei enquanto ajeitei meu sutiã.

— No setor privado muitas mulheres estão buscando fazer a plástica íntima. Qual a grande demanda das mulheres de quarenta que buscam o serviço público?

— Querem engravidar; buscam fertilização assistida. Seguimos o protocolo mundial para reprodução em serviço público: incluímos pacientes até 39 anos. Assim, damos prioridade àquelas que têm mais chances porque, com essa idade, apenas uma, em cada dez, irá engravidar.

Ter o sonho de ser mãe e não conseguir é uma enorme frustração. Mesmo quando a gente não planeja ter. É correr contra o relógio... e perder.

TIC TAC – TIC TAC

CAPÍTULO 9

Há um bom tempo eu não trepava. Tinha vivido uma, na realidade duas decepções amorosas sequenciais, e decidido dar uma pausa. De amor, de sexo, de tudo. Um repouso programado capaz de atuar como um tratamento para os males do coração. Sarar as feridas. As novas, mas também as velhas, que ainda teimavam em doer.

Dizem que um amor só cura com outro, mas e quando esse outro não vem? Quando se acumulam desilusões no lugar de relações, qual é o remédio? Pensei que talvez esse recesso me ajudasse a medicar as cicatrizes. Talvez esse afastamento fizesse a vida me trazer os encontros certos. Talvez fosse o momento de repensar meu futuro amoroso.

O repouso durou um bom tempo. Não tinha certeza se a terapêutica estava dando certo quando recebi um convite. Gabi e Mari, amigas das antigas, com as quais vivi bons momentos quando mais jovem, me chamaram para irmos a um bar.

Por que não? Talvez já estivesse na hora de sair da toca.

O lugar não era dos meus preferidos, tocava samba, longe de ser meu gênero favorito. Mas era uma noite de verão e o batuque combinava com o ânimo do nosso reencontro. Logo nos animamos a dançar, nos sentindo como aquelas garotas que já fomos um dia. Cheias de energia, gingado, tesão. Esperança, talvez.

Secamos a primeira rodada de cerveja e Mari foi buscar a próxima. Não voltou sozinha. Veio acompanhada por dois amigos que encontrou no bar. Um deles era o Will.

Mesmo por trás das lentes fixadas em uma armação negra e pesada pude ver que seus olhos sorriam. Um sorriso saía da boca, outro, do olhar. Will era alto, magricela e seus dentes pareciam uma cortina de porcelana que preenchia seu rosto de ponta a outra. O cabelo black power se movia como na batucada do samba, dando ainda mais molejo ao seu caminhar.

– Tudo bem? – perguntou, jogando charme.

– Tudo – respondi.

Will começou o papo com algumas perguntas protocolares. Quando disse que era jornalista, me questionou:

– Há quanto tempo?

Ele sabia que nossa diferença de idade era grande. Mas queria conhecer o quão grande era. Não menti.

– Há mais de vinte anos.

– Você já foi casada?

A última coisa que queria era falar do meu passado. Desconversei:

– Quantos anos você tem? – disse torcendo pra ele responder trinta.

– Vinte e três.

– E o que você faz da vida? Estuda?

– Fiz Engenharia, mas decidi ser personal dancer. Também toco pandeiro em um grupo de choro.

– Que legal – não tinha ideia do que responder e também não queria dar uma de tia, questionando por que era dançarino se tinha um diploma de engenheiro. Na realidade, o que me veio à cabeça, mais que tudo, foi o seu perfil: jovem, músico e bailarino. Por que eu nunca conhecia um homem maduro que simplesmente acorda todas as manhãs no mesmo horário para trabalhar, lava o carro aos sábados e me chama de meu bem?

Depois de ter esquivado algumas vezes, resolvi aceitar seu beijo. Era verão, afinal. Que mal havia? Will logo deu uma apertadinha na minha bunda e me convidou para sair dali. Recusei. Ir para cama com um homem com idade para ser meu filho não me parecia, sei lá... "correto"?

Ele insistiu, mas mantive minha decisão, abrindo brecha para um novo encontro. Não tinha certeza se aconteceria, nossa diferença de idade me incomodava. Ao mesmo tempo, uma pergunta martelava na minha cabeça: por que não? Eu era livre. Ele, sorridente. Nosso beijo combinava. Fazia calor.

No dia seguinte, ele reforçou o convite. Ainda hesitei. Aquilo não era o que tinha previsto para mim. Tudo me parecia fora do lugar. Beijar um garoto que tocava pandeiro e dava aulas de dança de salão figurava um tanto exótico demais para quem foi criada para estar casada e com filhos aos quarenta e cinco anos.

Meus sonhos foram construídos a partir da educação de sentidos que recebi: constituir família. Mas eu, com quarenta e cinco anos, estava solteira, flertando com um rapaz vinte e dois anos mais jovem.

Como vim parar aqui?

A associação da felicidade ao amor romântico estruturou todo o conto de fadas urbano que me foi contado, da infância à juventude. *Um dia você encontrará um homem que vai te fazer feliz por toda a vida.*

Foi isso que me disseram meus pais, minhas avós, avôs, tias, tios, primos, primas, as primas dos meus pais, os tios dos meus pais, as professoras, as amigas da minha mãe e até mesmo o meu vizinho alcoólatra, o Seu Silas, que nunca se casou, mas certa vez entoou o mesmo mantra.

– Isso aí... hic... quando casá passa – profetizou entre um soluço e outro de cachaça, depois de conferir, olhando do alto do muro, mais uma das brigas que minha mãe e eu tínhamos quando eu era adolescente.

Certa vez, com a idade do Will, eu estava no apartamento que morava com minha mãe e, a caminho da cozinha, ouvi o som de sua reza vindo do cômodo dos fundos. A cena não era incomum. Ela regularmente atualizava seus pedidos no altar provisório, montado naquele que deveria ser as dependências de empregada.

Para tal ritual, criou uma singela ambientação. Em um balcão, alinhou os santos em fila, usando uma toalha de crochê branca como uma espécie de tapete. Terços marrons, brancos, rosas e azuis envolviam alguns deles como mantos sagrados. Minha mãe rogava cada hora para um. Costumávamos zombar, meu irmão e eu, com provocações sobre qual seria o próximo santo "que vai ter que ouvir suas preces".

Mais tarde, naquele mesmo dia, entrei no quarto de oração improvisado para pegar uns documentos e reparei que havia um bilhete embaixo do Santo Antônio. Não tinha percebido que esse santo ingressara para a paróquia doméstica porque a vida toda minha mãe fora doente e suas rezas eram voltadas para sua própria cura, imaginava eu, e não para outras questões.

Fiquei curiosa, afinal, diferentemente das outras vezes, a reza estava ali, materializada. Olhei para trás em direção à porta só para garantir que não seria pega. Levantei o santo e abri o bilhete, dobrado em dois: *Por favor, peço que minha filha arrume um marido.*

A vontade de rir foi grande, mas passou quando me questionei sobre a importância que era para minha mãe ver a filha – ainda com vinte e três anos – casada. Será que eu já estava ficando velha para o matrimônio a ponto da minha mãe ter que recorrer ao casamenteiro mais conhecido da paróquia?

O sonho de ser par alimentou não só a minha, mas a vida de muitas mulheres, colocando o casamento como meio de realização pessoal, quase uma espécie de vocação inata, um destino social. Como uma reza, uma pregação, só a família seria capaz de nos salvar.

O que eu estava fazendo ali com o Will, mesmo?

Nesse ponto da minha jornada, sou justamente aquela que nenhuma das minhas amigas da infância e adolescência queria ser, aquela que ninguém da minha família esperava que eu fosse, aquela que eu não pensei que seria, aquela que o Seu Silas achava que se revolveria com o matrimônio: a solteirona, melhor dizendo, a pseudodivorciada que não encontrou um novo amor, e corre o risco de se tornar uma *coroa-pega-pivete*.

Não estou falando dessa posição como algo pejorativo, mas como uma condição da mulher em uma sociedade patriarcal onde ter uma família é uma elevação social. Ser uma mulher madura e sem par ainda causa estranhamento, e a sociedade faz questão de lembrar que não me enquadro no modelo desenhado séculos atrás. Toda vez que encontro alguém que não vejo há algum tempo em poucos segundos encaro a mesma pergunta: "Você está casada?". Ou, assim como o Will me perguntou: "Já foi casada?".

E de onde veio tudo isso? Por que minha família, amigos e vizinhança despejaram em mim o sonho do matrimônio como sendo o destino mais correto, o "certo a se fazer"? Por que ser solteira é uma condição desigual?

Comecei a ler sobre o assunto e descobri que o termo solteirona foi encontrado pela primeira vez no século XVII em dicionários e na literatura europeia. Naquela época as mulheres não casadas ganharam essa classificação porque, com o desenvolvimento capitalista, passaram a ser consideradas um fardo. Cheguei a encontrar registros de que eram vistas como "inúteis dependentes". Em outras palavras, davam prejuízo para o "sistema".

O mesmo ocorreu no século seguinte nos Estados Unidos. Classificavam de *spinsters* as mulheres que nunca se casaram e que dependiam financeiramente de suas famílias. Mas foi no final do século XIX e começo do XX que as mulheres solteiras foram consideradas um verdadeiro problema social na América e na Europa. Não só porque tinham que ser sustentadas, mas pelo fato de serem vistas como uma ameaça à família por causa de suas "pulsões sexuais". Traziam insegurança aos casamentos.

No Brasil, a partir do final do século XIX, "a solteirona" emergiu na literatura, e, no século seguinte, nas telenovelas. Mas a marginalização perdura até hoje; que o diga um dos filósofos mais pops da atualidade. Em seu livro *O Dilema do Porco Espinho: como encarar a solidão*, Leandro Karnal comenta que: "A solidão como defeito é tema quase unânime. Não existe o termo 'casadona', mas abunda o pejorativo 'solteirona'. O homem e a mulher solteiros na maturidade, mesmo com tudo aquilo que caminhamos na superação de estereótipos e papéis fixos, continuam sendo vistos com reservas".

Mas, sinceramente, não preciso recorrer à literatura para sinalizar que ser solteira com quarenta e poucos ainda fecha portas. Os amigos casados com filhos, por exemplo, nunca mais me convidaram para qualquer programa porque, para eles, parece que não faz sentido ter uma mulher solteira e sem filhos seja em um jantar, seja em um churrasco repleto de casais e crianças. Já cheguei a abordar o porquê de não ser mais convidada e me disseram: "Ah, mas você não se sentiria bem, só tem gente casada".

O Google também me classifica como parte de um grupo de "desclassificadas". Ao digitar "sinônimo de solteira", eu me deparei com: meretriz, cortesã, messalina, mundana, piranha, prostituta, puta, quenga, rameira, rapariga e vadia. Entretanto, ao digitar "sinônimo de solteiro" encontrei: celibatário e inupto.

Ao menos agora já sei como responder da próxima vez que me questionarem sobre meu estado civil.

– Você é casada?

– Não, sou uma piranha. Por favor, não me convide para o seu churrasco. Arriscado eu agarrar alguma linguiça.

Resolvi dar uma chance para o Will. Para mim, na realidade. Sabia que a relação não teria futuro algum, a não ser um destino certo: cama. Mas por que não? Era verão, o repouso "cardíaco" já tinha se estendido por bastante tempo sem que eu tivesse qualquer indício de que o tratamento funcionara. Resolvi mudar a terapêutica. Talvez, naquele momento, eu só precisasse de uma boa transa para meu coração voltar a bater com mais vigor.

Ao longo da semana combinamos de nos encontrar na casa de dança onde ele é *personal*. Liguei para minha melhor amiga e disse com ar de súplica enrustida:

– Você iria comigo em uma noite do bolero na Domingos de Moraes? Quero encontrar o personal dancer que conheci e tem vinte e três anos – informei a idade do moço para encorajá-la a me alertar sobre a loucura que estava prestes a cometer.

– Claro, porra! Você precisa trepar! – Pelo visto, os vinte e dois anos a menos do rapaz não alterara sua opinião quanto à minha vida sexual.

Abri o guarda-roupa e por alguns instantes refleti sobre o que vestir. Queria algo que me deixasse mais jovem e feminina, porém tomando o cuidado em não aparentar uma "quarentona assanhada".

Provei uma minissaia preta evasê e uma camiseta da mesma cor, o que deu a impressão de ser um vestido. Fiquei satisfeita. O conjunto caiu bem e o preto me emagreceu. Para completar, coloquei um sutiã que apertou os seios e deixou um "vezinho" sedutor no colo.

Cheguei à casa de dança ainda insegura sobre o que estava fazendo, mas ao encontrá-lo meus medos se dissiparam. Seu sorriso estava esparramado pelo rosto e seus olhos brilhavam de entusiasmo. Os braços se estenderam para me abraçar. Era bom me sentir acolhida, desejada, querida.

Nos cantos do salão havia filas de mulheres com fichas nas mãos para poder dançar com os personal dancers. Will estava entre eles, mas folgou por um tempo para poder me curtir. Senti, então, como que vivendo um conto de fadas brega da zona sul. A quarentona que o personal dancer jovem e gostosão escolheu para passar a noite. Todas pagaram para dançar com ele. Eu não. Era a gata borralheira balzaquiana que se fazia de princesa. Só faltava perder o sapatinho no meio da pista.

Na dança, ele me conduziu e me seduziu ao mesmo tempo. Certa hora, fiquei tímida e baixei a cabeça em direção ao seu peito. Ele se curvou para colar o rosto ao meu. Perdi alguns passos, ele me trouxe de volta. Com graça, pressionou levemente minha cervical e me fez curvar, jogando minha cabeça para trás. Fechei os olhos e abri ao subir, mas não consegui encará-lo. Fiquei envergonhada. Ele percebeu, sorriu e me abraçou mais forte. Nos beijamos ao som de alguns boleros.

– Chama ele pra sua casa – minha amiga me disse ao final da noite.

– Não vou ter coragem!

– Dançarino sempre transa bem, deixa de ser boba!

Verdade. Will era uma graça, tinha o maior gingado, mas era um garoto ainda. Tinha que aproveitar o agora.

Esperei ele voltar à mesa. Minha amiga se retirou e lancei o convite:

– Quer ir pra casa comigo?

Seus olhos sorriram mais rápido que a boca dessa vez.

– Adoraria dormir de conchinha.

Por que vivemos em uma era de desencontros? Relacionamentos mais curtos, abusivos, superficiais, agulhas em palheiros. As coisas mudaram da época da minha mãe para minha geração. O casamento tem chegado mais tarde. Filhos também.

Achei que era o caso de pesquisar um pouco mais para entender que planeta superpovoado e ao mesmo tempo solitário é este. Estudiosos dizem que a escolaridade cada vez mais alta aliada à profissionalização esticou o tempo para o matrimônio e a maternidade. Eu me enquadro nessa estatística, afinal aos vinte e três, época que minha mãe rezava para ver a filha casada, eu só pensava em aproveitar a vida de outras maneiras, como viajar, estudar, viver experiências.

Mas há outros motivos. Talvez você que esteja lendo este livro também já saiba, ainda mais se fizer parte destas estatísticas que mostram como o número de casamentos da mulher diminui com a idade: uma queda de 81,82% dos vinte e cinco aos quarenta e nove anos. Ou seja, quanto mais velhas ficamos, menos nos casamos.

É como uma espécie de inconsciente coletivo que, mesmo com exceções, somado aos indícios empíricos da vida, aponta para as causas. A falta de homem é uma delas. Somos 6,3 milhões a mais, de acordo com a Pesquisa Nacional por Amostra de Domicílios, do IBGE. A pirâmide etária de 2017 mostra que 3,81% dos indivíduos de quarenta a quarenta e quatro anos são mulheres, 3,44% homens. Na faixa de quarenta e cinco a quarenta e nove representamos 3,44% contra 3,06%. Mesmo que a diferença seja pequena, não há homens para todas nós.

Será que é isso mesmo? Será que meu estado solitário é uma questão demográfica?

Conversei com o psicólogo Ailton Amélio da Silva. Achei o nome dele na Internet e, pela quantidade de matérias e estudos que encontrei, percebi que é considerado uma sumidade em estudos sobre relacionamentos amorosos. Professor da USP, decidiu, há mais de três décadas, analisar os flertes nas novelas por meio da comunicação não verbal. A partir daí, interessou-se pelos temas casamento, sexualidade, relações amorosas, estabelecendo suas linhas de pesquisa.

Seu consultório era bem espaçoso. Logo na entrada, uma mesa posicionada para a parede acomodava seu laptop, o telefone e a agenda.

– Antes de você chegar estava entretido escrevendo meu próximo livro.

Do lado oposto, um sofá de quatro lugares estava disposto na frente de duas poltronas, ao invés de uma, porque ele atende muitos casais. No canto da parede, um longo sofá de alvenaria, onde escolhi me acomodar. Não queria ter a sensação de estar em terapia, afinal o procurei para ouvi-lo.

Expliquei sobre a MC e toda a jornada de descobertas que estava vivendo, comentando em determinado ponto:

– O senhor acha que a dificuldade de se relacionar neste momento da vida pode estar vinculada às diferenças demográficas no país?

– Estudei a curva de homens e mulheres disponíveis e a discrepância é pequena. O problema é de outra ordem.

– Que ordem? – perguntei ansiosa.

– As mulheres, quando se separam, têm a guarda dos filhos e sentem dificuldade em trabalhar, cuidar da casa, do filho e ainda namorar. E os homens, depois de certa idade, preferem as mais jovens.

"Eles preferem as mais jovens."

Descobri que esse favoritismo também é uma herança patriarcal. Nos séculos passados, homens mais velhos se casavam com mulheres jovens, pois as viam como objetos adquiridos que deviam durar e estarem "em boas condições" por mais tempo, além de, por serem jovens, não receberem um "produto violado". A juventude também facilitava a reprodução.

Com o passar do tempo não houve muita mudança. A violação não é mais uma questão, mas a durabilidade parece que sim.

Eles preferem as mais jovens e nós, preferimos o quê? A dificuldade em realizar o sonho projetado desde a maternidade também tem a ver com encontrar um homem com perfil que nos agrade, principalmente depois de todas as experiências que já vivemos.

Resolvi fazer uma enquete para averiguar se o que passa na minha cabeça basicamente são neuroses particulares ou se há algo de verídico nas paranoias que a MC vem construindo. Obtive a participação de trinta e cinco respondentes, todas com quarenta a quarenta e nove anos de idade, no momento da pesquisa solteiras, sem qualquer tipo de relacionamento, nem mesmo namoro.

Do total de participantes, 71% disseram que querem viver uma nova relação. Mais de 57% afirmaram "querer morar junto" ou "se casar". Quando questionadas sobre as principais dificuldades em estabelecer um novo relacionamento, três respostas tiveram o maior número de aparições: "os homens querem só curtir"; "não tenho companhia para sair, diminuindo minhas chances de conhecer alguém"; e "minha exigência".

O psicólogo chegou a me dizer isso:

– Há vozes antagônicas falando na mente feminina. O sexo finalmente perdeu grande parte do tabu e as mulheres transam com muito mais facilidade, mas a maioria quer um relacionamento não só baseado nisso. Desejam um contexto afetivo.

Nessas horas de desilusão, me ocorre: quem me dera ter uma pica.

Partimos Will e eu em direção à minha casa. Estava nervosa. Transar com um garoto era uma situação nova para mim, mas seus encantos me distraíram ao longo do caminho. Além de boa praça, Will era divertido.

Assim que chegamos, eu me questionei se estava fazendo a coisa certa. Já tinha bebido um pouco e até provado um baseado com ele. Comecei a me sentir ridícula ao ver a *coroa-pega-pivete* se materializar.

Coloquei Bob Marley na playlist (achei que ele não conheceria a banda Cidade Negra, sucesso nacional quando eu tinha sua idade) e ofereci água. Enquanto enchia os copos na cozinha pensei em desistir. Sei lá, poderia dar uma desculpa qualquer, dizer que estava cansada ou menstruada e só ficar nos amassos, mas quando voltei à sala Will já me esperava de cueca.

Mal deu um gole, descansou o copo na mesa e me puxou pela cintura, acomodando-me suavemente no sofá. *Ele é jovem, mas sabe o que faz*, percebi. Como estava acanhada em ficar nua, eu me coloquei na posição ativa, procurando adiar o momento em que ele veria meus pneus (aqueles que seguram o maiô), a barriga saliente e as tetas semicaídas. Para me manter no comando, resolvi agir e tirar sua cueca.

Fui comprovando sua potência juvenil à medida que a descia em direção aos joelhos. Will era puro pau. Um corpo magro e potente ornava com uma face coberta por um sorriso fácil e um olhar maroto.

    Por que não?

Será que eu construí uma idealização excessiva colocando minha vida amorosa em um patamar muito mais alto do que realmente merece? Ou será que sou vítima da sociedade patriarcal que reconhece, até mesmo no Google, que mulher solteira é sinônimo de puta?

Será que a MC, a Minha Crise, não me faz enxergar que a vida é diferente para cada indivíduo e que eu não preciso seguir os padrões estabelecidos para ser uma mulher bem-sucedida e feliz?

Fato é que tenho pensado muito até quando terei vida sexual. Se não encontrar um par, minha aposentadoria erótica pode estar cada vez mais próxima. Vivo em uma sociedade que coloca a atração sexual às custas prioritariamente da beleza física, associada à jovialidade e, em breve, serei invisível aos olhos dos outros.

Que outros? Qual percentual de espécime masculino sobrou? "Eles preferem as mais jovens", fica martelando na minha cabeça. Será que a partir de agora somente os garotões vão querer pegar a "tia"?

Para os homens a situação também é, digamos, declinante, mas ainda acho que para o sexo masculino há algumas facilidades. Tomar uma pílula para dar ânimo ou pagar por sexo são duas opções interessantes para adiar cada vez mais a aposentadoria sexual.

Até onde sei, ainda não foi criado remédio para falta de tesão feminino. Garoto de programa existe, mas enquanto para os homens pode ser uma experiência comum, para mim, pagar por sexo traria um sentimento maior de solidão. Talvez até de humilhação. Como se ninguém mais me quisesse. Eu precisaria pagar pelo desejo do outro quando, na realidade, talvez ainda sonhe com aquele olhar apaixonado que já encontrei na juventude.

Essa angústia é somente minha? Ou de todas as solteironas? As casadas também pensam nisso?

Fui buscar informação no Ministério da Saúde e encontrei o *Manual de atenção à mulher no climatério/menopausa*. O documento reúne uma série de informações sobre essa transição, do ponto de vista fisiológico, mas diz em determinado trecho que "o envelhecimento sexual é um dos fatores mais frequentemente apontados como fonte de angústia para mulheres e homens nessa fase da vida".

Sim, eu me aflijo com a mera possibilidade, mesmo que remota, de cair no "abismo sexual", expressão que encontrei na literatura para definir, em outras palavras, um "lugar" com pouquíssimas chances de se ganhar um beijo, que dirá uma foda.

Resolvi entrevistar uma sexóloga para entender como a comunidade especializada compreende a vida sexual na maturidade e ter a certeza de que meu medo da interrupção sexual não é imaginário (ou na esperança de que ao menos não estou sozinha nessa arena enquanto conto pentelhos brancos).

Uma amiga me indicou Ana Canosa, sua antiga vizinha. Alta, bonita, acabara de completar cinquenta anos quando conversamos. Tinha chegado da academia e a roupa colada de lycra mostrava como estava em forma. Além de atender em consultório, também era diretora da Sociedade Brasileira de Estudos em Sexualidade Humana.

A primeira coisa que me disse foi que as mulheres maduras ficam mais "interessantes" sexualmente.

– Aos quarenta, elas já têm a consciência de que o contato físico faz bem emocionalmente e da importância da sexualidade no seu cotidiano e no seu humor.

Blá, blá, blá... eu nunca duvidei disso. Dar para o Will, por exemplo, não era o problema. A questão era me sentir ridícula por estar ali, bem longe dos planos que fiz para mim na juventude. Onde estava meu marido, aquele com o qual eu deveria transar para o resto da vida?

– Apesar dessa liberação, a baixa do desejo é o principal motivo da procura dos casais em meu consultório.

Há pesquisas que apontam que a frequência sexual vem caindo cada vez mais. Em 1990 os casais de dezesseis a sessenta e quatro anos transavam cinco vezes por mês em média. Em 2000 caiu para quatro, em 2010 para três. Em vinte anos, a frequência desmoronou 40%.

Confesso que essa informação já me interessou. Ao menos não era só eu que estava trepando pouco. Por um momento me senti mais incluída.

– Qual o motivo, Ana?

– Acreditamos que isso esteja acontecendo porque hoje temos muitos estímulos e outras distrações. A superexposição sexual é tão grande que ficamos menos sensíveis ao erotismo. Além disso, no Brasil, as pessoas tomam muita medicação psiquiátrica o que colabora para a baixa do desejo. Aqui não se sabe ao certo, mas estudos lá fora alertam para o fato de que ninguém estará transando muito em 2030.

Em 2030 estarei com cinquenta e seis anos, a pélvis provavelmente de grisalha terá virado branca, talvez calva, meu futuro sexual realmente me parece nada promissor. Além da falta de parceiro, meu desejo ficará escasso com a menopausa. Melhor começar a fazer crochê.

Encontrei uma pesquisa que afirmava serem as casadas 80% mais felizes no sexo do que as solteiras. Questionei a sexóloga sobre esse estudo:

— A maturidade é a pior fase da vida para estar desacompanhada porque ainda há desejo, mas não há parceiro e é difícil encontrar qualidade no sexo casual – admitiu.

Arranquei um fio de cabelo e concluí: nem tudo é paranoia da MC.

No dia seguinte, acordei com aquele cansaço típico de quem tem quarenta e cinco anos e já passou da idade de beber, fumar e dormir só por quatro horas. A diferença era o sorriso de quem transou a noite toda. Will acordou superdisposto. Como se tivesse passado cinco dias deitado no sofá jogando PlayStation.

Nos trocamos para sair. Ele tinha ensaio no grupo de choro e eu uma reunião.

— Te deixo no metrô.

— Legal.

Assim que saímos do apartamento demos de cara com o vizinho de porta da frente que, ao nos ver, sacou tudo: a vizinha arrastava jovens inocentes para casa.

— Bom dia! – disse tentando parecer a mais ingênua de todas as mulheres maduras.

Enquanto esperávamos pelo elevador, Will me deu uma bitoca e um beijo na mão direita. Achei muito fofo, mas a impressão que eu tentava passar de que *meu sobrinho mais velho dormiu no sofá* foi por água abaixo.

A porta do elevador se abriu e, para meu desespero, estava cheio. Quatro moradores. Dois deles eu conhecia bem. Raramente encontrava com alguém em outras dependências do prédio que não fosse a piscina, mas justamente naquele dia, que eu queria ser a condômina mais discreta do mundo, dei de cara com tantos.

– Oi, tudo bem? – disse um deles, lançando na sequência o olhar para o Will.

– Tudo – respondi, não parando de olhar o monitor do elevador para acompanhar quantos andares faltavam para chegar à garagem. Ainda faltavam muitos.

6... 5...

Se ao menos ele não medisse mais de 1.80 de altura, o cabelo não fosse black power, não carregasse uma mochila nas costas e segurasse um pandeiro nas mãos, TALVEZ, até passasse despercebido. Não foi o caso.

4...

– E aí? Como você *tá*? – disse outro vizinho.

– Bem, e você? – *Por que os elevadores são sempre tão lentos?*, pensei.

– Tô indo... com pouco trabalho. Nesta época do ano a escola de dança fica meio vazia.

3...

– Você tem uma escola de dança? – perguntou Will. – Eu sou personal dancer.

Por quê? P-O-R Q-U-Ê? Todos já estavam sabendo que eu vivia o clichê de todos os clichês: mulher madura pega jovem que tem idade para ser seu filho, que é do tipo negão-dançarino e pintudo. *Não posso esquecer de pagar o condomínio este mês*, pensei.

2...

– É mesmo? Legal – respondeu meu vizinho com um sorriso no olhar.

1... Térreo!

A porta do elevador se abriu. Saí apressada em direção ao carro, dizendo ao Will, sem olhar para trás:

– Vamos nos atrasar!

Chegamos ao metrô, estacionei e nos despedimos. Will me abraçou, me beijou, me olhou com ternura.

– Se cuida! – eu disse.

– Você também, gatinha!

GA–TI–NHA.

Ao menos deixei de ser piranha.

CAPÍTULO 10

"Cada idade da vida tem sua juventude", dizia o quadro pregado na parede do retiro de *Réveillon*.

Que curioso. Fui buscar respostas que me ajudassem a passar por toda essa turbulência provocada pela MC e dei de cara com uma frase dessas.

Quando me aproximei vi, que a autoria era de Honoré de Balzac, justo ele, o escritor francês que ficou famoso após lançar um livro sobre a mulher madura no século XIX, na época, a mulher de trinta. Daí surgiu o termo "balzaquianas".

Seria esse um sinal? Estaria eu no lugar certo, na hora certa?

Nunca fui religiosa, apesar disso, aquela era a quarta experiência, digamos, mística que vivia desde que a MC se instaurou. Desde que minha cabeça começou a pirar, meu coração a doer, desde que perdi o rumo. Ou melhor, desde que perdi aquele trem da alegria, onde todos pareciam estar.

Reconheço que nunca tive conexão espiritual com o que quer que fosse. As experiências passadas com minha mãe criaram uma barreira para minha fé. Lembro-me que a acompanhava em todas as tentativas religiosas. Fomos ao centro de umbanda, à Seicho-No-Ie, ao kardecismo, à Igreja Católica, à Igreja Messiânica, à de "crentes", como chamávamos os evangélicos. Ela buscava sua cura para diversos males, mas permanecia doente.

Sempre vi, então, qualquer manifestação de fé com descrença, com antipatia. Com descaso algumas vezes. Fé era recurso abraçado por outros e visto por mim como algo banal. Que beirava o brega. Como alguém poderia acreditar em algo que sequer podia ser visto? Em algo que não dava certo?

No entanto, de alguma maneira, ver o sonho do conto de fadas californiano se transformar em pesadelo, virar mãe da mãe, cruzar a linha da maturidade enfrentando tantos desafios, enfim, você sabe, mexeu com a minha descrença.

Minha alma estava frágil, eu precisava cuidar dela e o ceticismo não me parecia o melhor remédio. Me fazia perder as esperanças. E eu precisava, além de respostas, também de esperança.

Queria entender o porquê das coisas. Por que comigo? Por que justo eu tenho que chegar aos quarenta me sentindo tão deslocada dos demais? Não me reconhecendo quando me olho no espelho... querendo que tudo tivesse sido diferente?

Qual é o sentido? O que há para ser aprendido, afinal? Qual é a solução?

A primeira vivência experimentei em um retiro da linha do Osho, controverso guru indiano, líder do movimento Rajneesh, que pregava, entre outras coisas, a relação com a espiritualidade sem a negação dos hábitos e vícios do mundo material. Achei que era mais a minha cara, já que nunca fui espiritualizada e, na época, ainda fumava meio maço por dia.

O Osho foi o criador de um tipo de meditação ativa. Ao invés de se sentar em silêncio e tentar "limpar a mente", a conexão com o Divino é feita pulando, gritando, dançando, movimentando-se de várias formas. Não tinha muita ideia do que isso significava, mas aceitei o convite de uma conhecida.

Em um sítio a poucos quilômetros de São Paulo, eu me reuni com um grupo de dez pessoas para um fim de semana. Todos estávamos em busca de boas vibrações e consideramos especial termos sido recepcionados, na sexta à noite, por um luar inesquecível: um *halo* – um círculo luminoso – tinha se formado ao redor da Lua, parecendo ser um sinal dos céus.

O pátio inferior abrigava a "sala dos trabalhos". A primeira prática da manhã consistia em girar ao redor do próprio corpo, por vinte minutos, olhando para a palma da mão direita, enquanto uma festiva música indiana embalava a dança mística.

– E se eu ficar tonta e cair?

– Você cola a barriga no chão. O importante é não tirar o olhar da mão direita – respondeu a guru do retiro.

Todo mundo ali parecia reconhecer a prática como algo tão corriqueiro que não insisti. Simplesmente repeti o que começaram a fazer.

Comecei girando bem devagar, mas ao passo que fui rodando no próprio eixo e aumentando a velocidade, constatei que não era tão ruim assim. Ao olhar só para a mão direita, enquanto me mexia, a sensação era de estar parada e o mundo é que girava ao meu redor. Como se eu tivesse o poder de avançar a vida. Ou ir para trás.

Uma espécie de autoempoderamento foi tomando conta de mim. *O mundo gira e eu estou nele! Girando, girando, rumo à minha evolução espiritual, iuuupiiii!!!*

Foi, então, que desviei meu olhar para a sala.

BRUM!!

Bruscamente, como se alguém tivesse me empurrado, caí no chão. Por isso a mestra tinha dito para não desviar o olhar da mão direita. Perdia-se o foco e a queda era certa. Será que essa era a mensagem da prática? Manter o foco?

Outras técnicas similares foram realizadas. Em uma delas, devíamos empostar as mãos como grandes taças, "resgatar" as energias da terra e derramar aquela seiva terrestre imaginária em cima de nós mesmos, em um movimento contínuo.

Estava tentando me concentrar sem me sentir ridícula, quando uma participante no canto do salão passou mal. De pé, com a cabeça baixa, começou a fazer movimentos rápidos com a barriga, para dentro e para fora, como uma dançarina do ventre em estado de transe.

A guru correu ao seu socorro e ordenou a todos:

– Voltem aos seus exercícios.

Eu voltei, mas nem por isso deixei de dar uma olhada no que acontecia. A guru colocou a mão no umbigo da moça com certa pressão e ela parou de se mexer, como se tivesse desligado o botão de uma boneca em curto-circuito.

– Foi um deslocamento do chacra do plexo solar – ela contou depois.

Nas religiões orientais, chacras são centros de energia que regem a nossa estabilidade física, intelectual, emocional e espiritual.

Por que eu não tinha tido nem um deslocamentozinho do chacra do plexo solar? Qualquer chacra servia. Se rolasse pra fora do eixo talvez revelasse ali alguma questão minha. Talvez com ele saindo do lugar eu pudesse ver o que estava ali escondido. Mas não. Continuei jorrando as taças imaginárias na minha cabeça e nada aconteceu. Nem nas outras práticas.

Queria ter a certeza de que o mergulho profundo dentro de mim já tinha se iniciado e que dentro dele estariam as respostas que eu tanto almejava. Por alguns dias fiquei procurando sentir algo diferente. Sei lá, uma intuição, um *insight*, talvez um sonho.

A única coisa que senti foi dor no joelho direito. Resquício da queda.

Na segunda experiência me direcionei ao extremo oposto. Retirei-me por cinco dias em completo silêncio, seguindo rigorosamente a rotina de monges zen budistas em um templo na cidade de Pedra Bela, interior de São Paulo.

Fui, mais uma vez, na completa ignorância, sem me informar ao certo. Sabia apenas que deveria ficar cinco dias sem emitir uma única palavra. Todo mergulho espiritual que se preze requer que busquemos respostas dentro de nós mesmos e o silêncio é uma prática para ajudar nessa submersão da alma. Achei perfeito, afinal, estava tentando "me encontrar".

Umas quinze pessoas formavam o grupo, acolhido por um monge e sua esposa. Logo ao chegarmos, nos disseram como seria a rotina. Entre as atividades, acordar diariamente às 5h20 para meditar por três horas em completo jejum.

O dia ainda era noite e a posição da meditação zen budista acabava com a minha coluna. Sentar-se em "zazen" significava ficar de joelhos olhando para a parede, com a face levemente inclinada para baixo e os olhos semicerrados. E permanecer imóvel. Por três horas. De barriga vazia.

Não conseguia me concentrar. Só pensava na coluna doendo e no café da manhã a ser servido. Ao me ver ali, parecia que rodar no próprio eixo não era uma ideia tão absurda assim.

As refeições continham regras bem rígidas, que as transformavam em vivências únicas. Uma pessoa escolhida no grupo servia a todos, que deveriam esperar até a última cumbuca cheia pra começar a comer. Cada um recebia três cumbucas, com três tipos de comida, e ao sermos servidos, deveríamos indicar quando a quantidade já era suficiente apenas esfregando as mãos. Era proibido desperdiçar alimento e ninguém sairia da mesa até que todos terminassem.

No almoço do segundo dia decidi que minhas cumbucas deveriam estar mais cheias, porque no jantar da noite anterior o medo do desperdício me fez esfregar as mãos prematuramente, e o ronco do estômago se transformou no meu companheiro de insônia.

Uma das participantes me servia e quando indicou com o olhar se poderia colocar mais arroz, eu aceitei. Acontece que ela encheu a colher além do necessário e ao batê-la na ponta da cumbuca para soltar alguns grãos todo o bolo da colher caiu. Ela me olhou como uma súplica pela falha. Eu, com desespero. Ambas sabíamos que eu estava encrencada. A quantidade era enorme.

Cada "garfada" com hashi virou uma tortura. Eu me senti como quando minha mãe me obrigava a comer bife de fígado com beterraba para curar a anemia na infância. Era intragável. E não havia copo d´água para ajudar a descer.

Enquanto todos terminaram em dez minutos eu permanecia ali, engolindo grão atrás de grão, pensando que o desafio deveria me levar a alguma elevação espiritual. Nada ali podia ser por acaso. Estava abrindo minha alma e arroz grudento algum seria capaz de me impedir.

Segui comendo. Enquanto isso, todos em silêncio me aguardavam; aquela situação constrangedora, e eu tentando acelerar para liberar o grupo, mas sem conseguir. Cerca de vinte minutos foram precisos até que eu terminasse.

Saí de lá muito pensativa, é verdade. Ficar em silêncio realmente provoca um turbilhão de vozes internas. Mas elas falavam tanto, que não pude entendê-las. Talvez tenha sido a indigestão.

Outra vez, um amigo todo esotérico me fez um convite.

– Você gostaria de participar de um ritual xamânico com índios de uma tribo do interior de Pernambuco?

Se eu gostaria? Queria participar de tudo que me ajudasse a enxergar aquilo que não era capaz de ver. A tirar aquela angústia do meu peito, aquela sensação de deslocamento, de que algo estava errado. Precisava de ajuda para entrar nos trilhos de novo.

Queria também recuperar o tempo que fui quase uma herege, contrariando e zombando os dogmas que muitos seguiam. Será que por isso a MC "baixou em mim"? Será que era um "castigo de Deus"?

Mais uma vez não perguntei muito. A certeza que tinha era que seria servido chá de ayahuasca, mas só tomaria quem realmente quisesse. Eu não sabia se provaria. Minha curiosidade eram os índios que estavam vindo do interior de Pernambuco para Cotia, São Paulo, trazendo com eles suas sabedorias ancestrais. Talvez eu devesse voltar às origens mais profundas para encontrar o "meu eu".

Era inverno, o frio estava de lascar, mas eu levava um biquíni na bolsa (ainda não tinha passado pela experiência do maiô nessa época).

– Vamos entrar em uma espécie de sauna e precisamos estar com roupa de banho – disse meu amigo.

Esquisito. Nunca tinha ouvido falar nisso. Bem, mas eu não era a pessoa mais religiosa do mundo, como poderia saber?

Fui ao banheiro me trocar e saí de lá como uma prostituta pronta para o show. Um longo casaco de couro antílope por fora, um biquíni fio dental enfiado no rabo por dentro.

Que jornada de autoconhecimento, pensei enquanto arrancava alguns fios de cabelo.

Caminhei por um longo jardim me sentindo a quarentona mais bizarra do mundo até chegar ao redor da fogueira, onde todos estavam reunidos.

– Tira seu casaco e vem comigo – chamou meu amigo.

Quando dei de cara com a tal "sauna", percebi que comer muito mais do que se precisa ou rodar em torno do próprio eixo não eram provação alguma. Uma oca pequena e estreita, com mais ou menos quatro metros de diâmetro, me aguardava.

Por um momento hesitei. Lugares fechados sempre me provocaram uma certa claustrofobia. Não sabia se seria capaz.

– Os espíritos da terra vão te ajudar – disse o pajé.

Respirei fundo e reuni toda a coragem que uma mulher com mais de quarenta com biquíni no rabo poderia ter. Entrei na oca. Dentro, vinte pessoas dividiam o espaço. Como tanta gente podia caber ali?

O "homem do fogo", que ficara na fogueira do lado de fora, trouxe as pedras incandescentes e as dispôs em forma de hemisfério, representando o "útero da mãe terra". Nelas, algumas ervas, como a lavanda, foram defumadas. Depois, o pajé jogou um jarro de água em cima e a fumaça começou a inundar o ambiente. Não era possível enxergar as próprias mãos.

O nome do ritual é Temazcal, uma cerimônia milenar, criada por tribos indígenas da América do Sul, que a utilizavam para a purificação do corpo e do espírito através dos elementos sagrados: o fogo e a água.

O pajé e os índios começaram a cantar, acompanhados pelas batidas do tambor e do maracá. Eu até que tentei seguir o ritmo junto aos outros, mas era derrotada pela tosse provocada por tanta fumaça. Precisava sair dali.

No meio daquela "neblina", e enquanto todos estavam inebriados pelos cânticos xamânicos, engatinhei até a saída pisando com meus joelhos em pernas, pés, esbarrando em todos. Não conseguia ver muito, mas sabia a direção. Estava perto de escapar quando minha cabeça bateu no peito do índio guardião.

– Ninguém pode sair. Volta para o seu lugar.

– Eu não estou conseguindo mais, vou ter que sair – disse entre uma tossida e outra.

– Não pode.

– Mas não consigo respirar!

– Se desmaiar a gente cuida de você.

O que isso queria dizer? Se eu desmaiasse, algum índio me daria uma poção milagrosa de ervas tirada debaixo do cocar? Ou máscaras de oxigênio cairiam automaticamente do teto da oca?

– Senta aqui perto de mim – falou de um jeito que me fez calar.

Não sei se foi medo, fé ou simplesmente resignação, mas entendi que não tinha escolha. Me sentei em lótus e comecei a cantar junto. Foda-se a fumaça.

Milagrosamente, a tosse passou. Acho que, assim como os outros, me acostumei à inalação e pude seguir participando do ritual que era dividido em quatro sessões, cada uma responsável por um tipo de "limpeza": do corpo, da mente, do coração e da alma. Foram quase cinco horas cantando, respirando fumaça, suando. Na última sessão a temperatura era tão alta que pensei que minhas costas estivessem realmente em chamas.

Ao longo do ritual, eu me perguntava sobre como cantar, tossir e suar em uma oca com tantas pessoas me ajudaria no meu mergulho interno.

Parecendo que adivinhara meus pensamentos, o pajé disse a certa altura:

– É pra desopilar. Lavar a alma.

Realmente, saí com a alma lavada.

De suor.

Decidi não tomar o chá de ayahuasca. Não era ali que encontraria minhas respostas.

Desde que a MC veio me visitar me aventurei a consultar astrólogas, cartomantes, fiz curso de meditação transcendental, tratamento espiritual em centros espíritas kardecistas, pratiquei meditação com tambores. O terreiro de umbanda que contei no começo desta história foi um dos primeiros.

"Você tem problemas para se relacionar e a relação com sua mãe é um dos seus karmas."
"A vida te pregou algumas peças, mas você é guerreira."
"Você precisa rezar mais."
"A tua lua em Câncer te deixa sem pele psíquica."
Blá, Blá, Blá. A porra da receita da felicidade ninguém dava.

Em certo momento, cansei de buscar rituais alternativos. Chega de meditar até cair no chão, de me empanturrar de arroz em silêncio, chega de desopilar em oca. Estava farta. Era o momento de dar um mergulho real dentro de mim, um mergulho de quarenta e cinco anos de profundidade. Foi isso que me propus a fazer quando decidi passar não um fim de semana ou feriado qualquer, mas o *Réveillon*, a virada do ano em um retiro, e que tivesse uma agenda mais, digamos, conservadora.

Dessa vez, não segui recomendação alguma. Digitei no Google "retiro de réveillon" e apareceu "Retiro de Meditação, Cura Interior e Empoderamento". Parecia perfeito. Me inscrevi sem questionar, coração aberto, pronta para me conectar comigo mesma, e encontrar as tais respostas que, dizem, estão todas dentro da gente.

No dia vinte e nove de dezembro os ônibus saíram da estação Ana Rosa do metrô, com oitenta pessoas. No trajeto pensei há quanto tempo não viajava de ônibus. Aquele balançar do carro na lombada quando a velocidade está baixa, os assentos que reclinam só um pouquinho e já garantem mais conforto, as janelas encobertas por cortinas, um vizinho desconhecido. A recordação tinha uma certa melancolia. Tudo era antigo, ao mesmo tempo novidade.

Chegamos a uma espécie de convento. Não sabia que o retiro era cristão. Será que ficaria de joelhos no milho rezando o pai-nosso? Não importava. Tinha decidido que viveria a experiência por inteiro, sem preconceitos, sem julgamentos. Tinha que entrar no clima. Mas antes, comecei a reparar nas pessoas. Quem frequentava retiros cristãos?

Ao redor, casais maduros que decidiram se conectar juntos. Senhoras com filhas a tiracolo. Uma turminha de trintões conversava em roda na entrada. Por um momento quis estar nela.

Enquanto caminhava entre os grupinhos, ouvi frases recorrentes.

"O equilíbrio é o que mais importa."

"Se dá espaço para Deus ele entra."

"Você atrai o que vibra."

"Temos que ter empatia com o outro."

Percebi que todo mundo ali estava se propondo, de algum modo, a melhorar como ser humano, a compreender certas demandas, episódios, processos da vida, e saber lidar melhor com eles. Teve mulher que foi ao retiro porque estava perdida com a separação. Outras confessaram que finalmente conseguiram sair de relacionamentos abusivos. Uma senhora contou que se curou da depressão. A loira perdeu o marido para o suicídio. A filha daquela outra se curou de um câncer.

E, de novo, lá estava eu, sem grandes acontecimentos recentes como esses, mas internamente me afogando em tantas questões. Sentia-me deslocada daquela gente. Uma sensação de ser uma idiota, sem questões tão sérias aos olhos dos outros, mas tão pesadas para mim.

Fomos direcionados às nossas simplórias acomodações. Logo na entrada do meu quarto, à direita, o banheiro tinha uma pia pequena, sem gabinete, e o box velho e transparente, encardido nos cantos, me lembrava o que tínhamos na velha casa onde morei por vinte anos em Santos. Duas camas de solteiro e uma mesinha de cabeceira completavam a decoração do pequeno quarto. Nada mais.

Será que precisava de mais? Não ali, na vida. Comecei a pensar nas freiras que já moraram naquele convento e abriram mão de tudo para viver assim, daquela forma tão descomplicada, sem ter que se preocupar com o aluguel ou qual canal escolher na TV a cabo para ajudar a pegar no sono.

Da janela, a vista dava para a estátua da Virgem Maria ao centro de um jardim repleto de rosas brancas, amarelas e vermelhas. O sino tocou e desci para a primeira palestra: o poder da gratidão.

Só ficávamos sabendo na hora qual seria a atividade. Para muitos, uma reclamação constante, para mim, um alívio. Viver sem compromisso era tudo o que eu queria. A tarefa era simplesmente estar presente e seguir o líder.

Na agenda, além de palestras, canto de salmos, yoga, dança circular e a prática da gratidão e do perdão, que tomavam conta do dia e da noite.

Gratidão tem sido uma das palavras mais mencionadas nas redes sociais e por aí afora já há alguns anos. Como um mantra coletivo, propõe que a gente só recebe quando agradece de antemão. O perdão, bem, o perdão é como aquele conselho de avó sábia que a gente ouve, mas sente dificuldade de seguir.

Mas nesse retiro, duas atividades me tocaram. Na virada do ano, nos reunimos ao redor de uma grande fogueira para rezar de mãos dadas, fazendo ali os pedidos para o próximo ano e se despedindo de tudo o que não se queria mais na vida. A reza coletiva foi poderosa. Como se orar em grupo e em voz alta fizessem os pedidos chegarem diretamente aos anjos.

Pedi para deixar de ter medo do futuro.

– O medo é o buraco mais profundo da humanidade, o maior de todos os conflitos. Do medo derivam as outras emoções – disse o teólogo, mentor do retiro, em uma de suas palestras.

Talvez ele tivesse certo, talvez fosse justamente o medo da perda da saúde, da beleza, da falta de dinheiro, da solidão;

talvez fossem esses medos os responsáveis pelo surgimento da MC.

A prática do perdão também me emocionou. No primeiro dia do ano, antes de irmos embora, fomos ao pátio, segurando uma bexiga nas mãos. Os organizadores cantaram certos salmos e orientaram que pensássemos em alguém que gostaríamos de perdoar ou pedir perdão e, em seguida, soltássemos o balão. Como que indo embora, o balão pudesse carregar com ele todas as mágoas amarradas no meu peito.

Pensei no meu ex-pseudomarido e também na minha mãe.

Talvez os ressentimentos do passado estivessem me impedindo de viver o presente e enxergar o futuro com mais confiança. Com mais fé.

Certo dia, estava vendo o tempo passar em um sebo antes de entrar em uma reunião, quando encontrei um livro perfeito para a minha pesquisa pessoal, para entender a MC. *A crise da meia-idade feminina e como ela está transformando as mulheres de hoje.* Foi escrito por uma jornalista do Wall Street Journal, Sue Shellenbarger.

Na obra, ela desenha seis arquétipos da mulher na crise dos quarenta, entre eles, o da *Buscadora*. Nele as mulheres "(...) escalam uma montanha, procuram um guru ou entram para um convento em busca de sentido espiritual (...).

A Buscadora é o arquétipo dessa vontade, que guia o desejo profundo da mulher de se ligar a um lado religioso, místico, sagrado e verdadeiro de si mesma".

Ao ler esse trecho me lembrei dos dizeres da psicóloga junguiana: " (...) quando se entra em contato consigo mesmo, justamente na segunda metade da vida. Um encontro com o mistério dentro de si, com a espiritualidade".

O curioso é que eu também me via nos outros cinco arquétipos. A *Aventureira* quer descobrir a diversão. É aquela mulher que vai viajar sozinha pela primeira vez, pula de paraquedas ou transa com um homem vinte e dois anos mais jovem. A *Amante* procura sua alma gêmea e a *Jardineira* já viajou o mundo, viveu muitas experiências e agora quer cuidar do seu jardim; tirar o máximo proveito da sua família, dos amigos, quer viver o hoje. Nunca gostei tanto de ficar em casa e, olha só, até jardim eu montei na minha varanda depois de décadas reclamando com a minha mãe que "planta só dá trabalho".

A *Artista* passa a gostar de música, interpretação, cultura, enfim, ela quer fazer arte. Não te contei ainda, mas realmente passei a fazer crochê, justo eu que sempre fugi de qualquer atividade manual ou artística, achando que não seria capaz.

Deixar sua marca no mundo é o papel da *Líder*, abandonando empregos e regras que não aprecia mais. O que importa é o legado. Sobre essa minha face, você lerá no próximo capítulo.

Como uma só pessoa pode abraçar todos os estereótipos de uma vez? Talvez por isso a MC seja tão grande, maior do que eu esteja conseguindo carregar.

Marquei uma entrevista com o teólogo organizador do retiro e com sua esposa. Queria entender se o que estava acontecendo comigo – esta busca espiritual recente – era um processo comum nas mulheres da minha faixa etária ou só era certo nos livros.

Eles me receberam em sua casa em um sábado ensolarado. Toni Luiz é também psicanalista e há vinte anos organiza retiros com a esposa, Sarita Domingues, professora de Yoga e Meditação, e especialista em yogaterapia.

Sentaram-se na minha frente, com os olhares curiosos. Toni permanecia com o mesmo tipo de roupa do retiro: uma calça social preta, uma camisa branca, e coçava a careca eventualmente. Sarita usava uma saia longa colorida, uma blusa branca, e descansava as mãos no colo. Ambos discretos, contidos, mas com afeto no olhar.

– Vocês acham que a chamada "crise da meia-idade" pode ser resultado da falta de fé?

– Na faixa dos quarenta a pessoa já passou por muitas dores e ainda tem sonhos que não conseguiu realizar como achou que conseguiria. Daí a sensação de não estar plena, daí a crise e o medo do que vem daqui pra frente – resumiu Toni.

É, eu sei, é como um choque entre expectativa e realidade.

– E o que essas mulheres relatam quando procuram a ajuda de vocês?

São muitos, dizem os dois, os motivos dessa insatisfação e dessa busca por respostas para questões essenciais mais profundas. Os filhos indo embora de casa ou a morte dos pais, entre outras perdas. Algumas se casaram e não foram felizes, outras não se casaram, e outras se divorciaram e viram sua vida mudar radicalmente.

– O divórcio é uma decepção muito forte para a mulher – conta Toni.

Sarita olhou para o alto, pensou, voltou lentamente sua cabeça em minha direção e concluiu:

– O tempo passa a ser mais relevante e as mulheres procuram preenchê-lo com mais sentido. Querem pertencer a algo, saber que não estão abandonadas. A fé é fundamental para não se sentirem sós. O vazio da crise da maturidade é a base da reconexão com o eu.

– Isso também acontece com os homens dessa faixa etária?

Quem responde é Toni:

– Muito menos. O homem geralmente resolve suas angústias com atividades externas. Já a mulher está muito mais consciente dessa necessidade. Presta mais atenção nas próprias emoções e faz essa busca a partir de um olhar interno. Em nossos retiros, a grande maioria é de participantes mulheres na maturidade.

Depois dessa conversa, me aprofundei um pouco mais no assunto e marquei uma entrevista com a professora Letícia Oliveira Alminhana, da Universidade do Estado do Rio Grande do Sul (UERGS). Uma amiga me passou o contato dela, pois tinha feito pós-doutorado em *Espiritualidade na Psicologia*. Direcionou sua linha de pesquisa para o Diagnóstico Transcultural, que envolve religiosidade, espiritualidade e crenças. Ela me explicou que é "a contemplação da espiritualidade como um fenômeno humano".

Muitos dos seus estudos utilizam o Modelo Psicobiológico de Temperamento e Caráter desenvolvido pelo psiquiatra e geneticista norte-americano Claude Robert Cloninger. Segundo esse modelo, o caráter é formado por três dimensões de maturidade.

O nível 1, do Autodirecionamento, quando a pessoa consegue viver no mundo de maneira autônoma. O 2, da Cooperatividade, no qual estão as vivências com outras pessoas e a tolerância para as diferenças. O nível 3 é chamado de Autotranscendência, quando a pessoa sente que faz parte do universo como um todo e está conectada com tudo o que existe.

– Independentemente de acreditar em Deus ou não, a pessoa transcende o nível pessoal do ego, do eu. Quando chega ali, busca respostas existenciais para a vida e, nesse momento, a espiritualidade fica muito forte. Nos estudos de Cloninger, no geral, as mulheres têm uma abertura maior para a autotranscendência e nas suas pesquisas sobre felicidade há uma informação clara: quem chega nessa dimensão parece ser mais feliz.

A afirmação de Letícia soou com certo alívio. Talvez eu esteja no caminho certo.

CAPÍTULO 11

– Você tem que dançar conforme a música.

O conselho era simples, daqueles que todo mundo já ouviu ao menos uma vez na vida. Mas machucava meus ouvidos. Eu tinha entendido como a banda tocava e não tinha gostado do repertório.

Estávamos, meu chefe e eu, em um sofisticado restaurante no bairro do Itaim aguardando um jornalista com o qual teríamos um almoço de relacionamento. Uma maneira de estreitar relações, papel de qualquer assessor de imprensa, posição que eu ocupava na época.

Meu chefe me aconselhou depois de revelar o motivo da redução de 30% do meu bônus anual. Em uma reunião mensal do departamento, enquanto fazia uma apresentação, eu havia usado a palavra "puta", desagradando o diretor da América Latina.

O "puta" fora empregado para dar um peso maior à situação; algo como "Ninguém tinha a mais 'puta' ideia". Não pegou bem. Para a chefia, era inapropriado utilizar tal linguajar no ambiente corporativo. Mesmo que eu tivesse desempenhado um *puta* trabalho (para os desentendidos: um bom trabalho). Ouvi aquilo segurando mentalmente meus braços para não arrancar meus fios de cabelo – brancos ou castanhos – no meio do restaurante.

A área de Recursos Humanos se baseava em estudos de comportamento para criar parâmetros, ferramentas digitais e equações de avaliação de desempenho, e alguém que mal respondia ao meu bom-dia achava inadequado usar "puta" em uma reunião de trabalho e reduzira meu bônus em 30%. E depois a empresa oferece treinamento para pensar "fora da caixa" ou mobiliza funcionários para criar um "comitê de diversidade".

Dessa vez, a incoerência corporativa bateu diferente pra mim. *É uma mudança de energia psíquica, tudo que passava a fazer sentido não faz mais*, como bem disse minha ex-terapeuta Jasmin, quando conversamos sobre a MC. Não fazia mesmo.

Mesmo que, por outro lado, eu tivesse a consciência de que dançar conforme a música fazia parte de qualquer repertório corporativo. Mesmo sabendo que seria muito mais fácil excluir o 'puta' entre outras palavras inconvenientes do meu vocabulário para garantir o bônus no ano seguinte, mesmo sabendo que, poxa, eu tinha, sim, que respeitar as regras da empresa. Mesmo assim, fiquei *puta da vida*.

O mais curioso de tudo isso é que eu sempre quis estar ali. Egressa de agências de comunicação, ambiente onde trabalhei por quase vinte anos, desejava "virar o cliente". Não almejava ter o poder que só o cliente tem (além de toda a razão), só não queria mais ter que balancear cinco, às vezes, sete contas ao mesmo tempo. Eu me sentia como os chineses equilibrando pratos embaixo de finas paletas. Era exaustivo.

Mas, quando me vi do outro lado do quintal, o jardim não era tão verde assim.

Depois de entender que o valor não era propriamente os resultados, mas a imagem e os relacionamentos que se construíam, um sentimento de desprezo foi tomando conta de mim. Passei a acumular decepções.

As situações ridículas de guerra de poder e ambição em uma multinacional começaram a me fazer sentir cada dia pior. Era uma batalha subliminar, mas visível. Um lugar impossível de fazer novos amigos. Apenas colegas de trabalho, quando muito.

O vocabulário corporativo também começou a me irritar.

"Você não está engajada."

"Temos que encontrar um *fine tuning* para este projeto."

"Esta é a melhor forma de manejar esta situação?"

"Você printou o *report*?"

Blá, blá, blá. Uma sopa de palavras cozidas de acordo com o cardápio do momento. Promoção, puxadas de tapete, arrogância, reuniões de departamento com a palavra puta exortada como se fosse espionagem industrial. O que eu estava fazendo ali mesmo? Eu me sentia uma estrangeira que não sabia se expressar corretamente em português educado.

Pouco mais de um ano depois que minha mãe morreu, dei um basta. Sem muito planejamento, pedi demissão. Foi em 2016, quando a economia do país retraiu mais de 3%. Amigos e conhecidos perdendo seus empregos e eu jogando o meu para o alto. Aquele que eu sempre quis. Que muita gente queria.

Era, de novo, o tal deslocamento. Não fazia mais parte de nada. Muito menos daquilo.

Dei um tempo. Era quase fim de ano, as chances de me empregar não se mostravam promissoras e também não queria me comprometer com nada até saber o que realmente desejava.

Achava, naquela época, que talvez eu devesse seguir outros caminhos e tive uma ideia meio excêntrica para quem estava trabalhando há muitos anos com comunicação: me matriculei em um curso de Personal Organizer.

Parecia perfeito, afinal, sempre fui surtada com organização. Além disso, não precisaria mais participar de reuniões, pegar *briefings*, agradar, selecionar o que dizer. Quem determinaria se o lugar da prateleira seria em cima da pia da cozinha ou do fogão seria eu. E seria uma P - U - T- A prateleira. Eu poderia ser eu mesma.

No começo até achei divertido. Ia à casa das amigas para treinar o ofício e transformava completamente o guarda-roupa delas, os armários, encontrava espaço onde parecia não haver. Aprender a dobrar lençol com elástico me pareceu a descoberta do século e demostrava isso como se estivesse fazendo uma apresentação no Cirque Du Soleil.

Mas minha coluna – aquela com duas páginas de relatório da ressonância – começou a doer a cada trabalho voluntário. Minhas crises de rinite – que quase me fizeram passar vergonha na consulta com o preto-velho – só aumentavam após sacudir a poeira das gavetas. Além disso, quem realmente contratava arrumadeiras de luxo com nome bonito? Onde conseguiria clientes?

Algo surgiu em meio a toda aquela desordem. Eu ainda tinha uma alma que queria transgredir, e não seria separando louças corretamente ou arrumando calcinhas que faria isso.

Foi bom de qualquer maneira. Ajudou a organizar minha bagunça interna.

Sem desprezar minhas competências, o que mais eu sabia fazer além de comunicação e a dobra do lençol com elástico? Fiz uma lista dos meus possíveis talentos. Lista propriamente não, rascunhei alguns poucos itens. De verdade, a única coisa que eu achei que poderia fazer além do que já fazia era ensinar inglês.

Estudei o idioma por muitos anos, morei fora por alguns, poderia estar um pouco enferrujada, mas para ensinar em aulas mais básicas, para crianças, me sentia pronta. Além do que, lecionar tem um grande valor. Eu iria ajudar na formação de outra pessoa. Que importante virada na carreira eu daria! Minha mãe tinha sido professora de alfabetização a vida toda. Eu estaria assumindo o seu legado.

Mandei currículos, fiz algumas entrevistas e fui chamada para um teste em uma importante escola bilíngue de São Paulo. Estava confiante, certa de que achara meu novo caminho.

Ao começar a ler as perguntas da prova me dei conta de que não estudava gramática há muito tempo. De quarenta perguntas eu conseguia responder vinte, tendo certeza da resposta em apenas oito. O restante chutei. Não me lembrava mais sobre o uso do *present perfect*, as regras para certas *prepositions* e a aplicação de determinadas *linking words*. Não foi surpresa quando recebi a notícia de que não tinha passado.

Mas não desisti. Precisava me aperfeiçoar para dar aulas e encontrei um projeto voluntário na periferia de São Paulo que tinha como mote promover oportunidades de inserção e integração social, por meio do ensino de inglês. Nada podia ser melhor. Praticaria o idioma, treinaria para ser professora e ainda ajudaria a transformar o mundo. Caíra como uma luva para quem estava atrás de propósito. Ao menos para começar. Mudar de ofício requer paciência e certos sacrifícios e eu estava disposta a passar por eles.

Até a terceira aula. Com classes somente aos domingos, os alunos eram desinteressados, mal falavam português e a divisão do papel de professor com outro colega em sala de aula mais atrapalhava que ajudava. Eram dois inexperientes sem saber o que fazer tentando dividir o protagonismo.

Resolvi retirar o *"book off the table"*. Ainda não era hora de lecionar.

Transição de carreira é um movimento até certo ponto recente. Na geração dos meus pais, sucesso era permanecer na mesma empresa a vida toda, como ele ficou, por trinta anos. Arriscar era um ato de loucura.

A maior expectativa de vida é um dos motivos desse processo. O fato de as pessoas trabalharem por mais tempo faz com que tenham mais chances de vivenciarem essas transformações. Sei lá, algo como quanto mais se faz mais de saco cheio se fica. Ou porque após a perda do emprego a recolocação não acontece e busca-se outro afazer. São algumas teorias que encontrei por aí.

Essas transições passam por fases. Tudo começa com um descontentamento crescente (olha só), que se torna uma fonte para mudança. Há um desejo, embora não se saiba ainda exatamente do que (pois é). A crise é justamente o ápice deste processo. A pessoa passa a se concentrar em suas crenças, em seus valores centrais e no autoconceito. Ou seja, querem trabalhar onde têm a P-U-T-A ideia do seu propósito, do porquê estão ali.

As fases seguintes são o redirecionamento, quando se começa a fazer novos experimentos (no meu caso ser arrumadeira da bagunça alheia ou colocar o "book on the table") e, afinal, a da reestabilização, quando se encontra o comprometimento com algo que expresse sua identidade. Aquilo que você se tornou.

"Você é o que você faz" é uma frase que resume bem a importância da atividade laboral para o nosso senso de si. De quem somos. Encontrei um artigo da Herminia Ibarra, uma autoridade em liderança e desenvolvimento de carreira, atualmente professora de comportamento organizacional na London Business School, que disse em certo trecho: "(...) as discrepâncias entre as identidades atuais de trabalho e as aspirações para o futuro aumentam com o tempo".

Pois é, a MC me trouxe isso também, o que eu queria fazer daqui pra frente? Que rumo deveria tomar na esfera profissional? Que ofício escolheria para seguir na outra metade da vida?

Tive a ideia de fazer um coaching. Por que não? Eu precisava de ajuda e, além de tudo, o preço era bem menor que o da terapeuta de quinhentos e cinquenta reais a hora. Fechei negócio com uma amiga que aplicava um olhar mais holístico, muito mais apropriado ao meu momento. Lembro-me que em uma das sessões ela me pediu para caminhar em uma linha imaginária do tempo.

– Quero que olhe para frente nesta linha e me diga, sem pensar, onde gostaria de estar daqui a um ano.

– Curtindo mais os meus sobrinhos – meu coração respondeu.

A frase era curta, mas dizia muito. Desde que morei na Califórnia já vinha maturando a visão do trabalho de forma diferente – nunca conheci um *workaholic* sequer em San Diego. A constatação "curtir meus sobrinhos" me fez entender que o tempo já era visto por mim de outra maneira. Eu precisava dele como nunca, não mais para "ascender profissionalmente".

Era para viver a vida.

Foi com alívio que descobri que não queria transitar em outro ofício. Seria necessário apenas transformar o que eu já fazia.

– E como vai fazer isso? – me perguntou a coach.

– Trabalhando de casa, fazendo freelas, tendo flexibilidade. Será que isso é possível?

– Sim. Mas, primeiro, você precisa desconstruir certas crenças.

A vida de freela nunca tinha me passado pela cabeça. Veja bem, eu larguei a segurança de um emprego em uma multinacional, com uma carteira de benefícios, para me tornar, por vontade própria, uma não assalariada, que teria que correr atrás de freelas, que nunca pagariam o valor da minha experiência e trabalho já conquistados (muito menos dos 30% de bônus). Qual o sentido disso?

Jung chamava de individuação quando, na maturidade, o indivíduo se volta aos aspectos da vida que antes lhe eram inconscientes. A energia passa a se centrar no "ser interior". É a realização do si mesmo, do *self*, seja no campo espiritual ou material. O principal fundamento da individuação é o conhecimento de si mesmo. E eu cheguei justo aí. Sabia que minha escolha não era literalmente uma transição de carreira, mas uma mudança profunda na forma como lidava com emprego e trabalho.

Quando decidi, aos dezoito anos, fazer jornalismo, pensava que conseguiria mudar o mundo contando histórias. A comunicação corporativa não faz isso, apenas muda o mundo das corporações e a imagem que a comunidade enxerga sobre elas. Sentia vontade de fazer mais e foi por isso que aceitei meu primeiro trabalho como freela: assumir a produção de um projeto social de seis meses na periferia de Fortaleza.

O desafio não era pequeno. Seria preciso tirar do papel um programa educativo desenhado por uma agência para fazer com que jovens carentes, menores de dezoito anos, procurassem adiar o primeiro gole de álcool. A iniciativa se baseava em pesquisas que mostram o aumento das chances de alcoolismo e doenças psiquiátricas, como depressão e esquizofrenia, associado ao consumo de drogas, lícitas ou não, antes da formação completa do cérebro, que só ocorre após a maioridade.

Para concretizar esse plano, eu precisava de parceiros locais, pois a programação contava com oficinas de música, teatro, enfim, atividades que trariam a mensagem do adiamento do consumo de álcool. Consegui firmar um acordo com a Rede Cuca, da Prefeitura de Fortaleza. É uma instituição pública que conta com algumas unidades em regiões periféricas e promove atividades para fortalecer o protagonismo juvenil, como dizem. Na realidade, procuram tirar os jovens do mundo das drogas e do crime por meio da cultura e do esporte.

Quando fiz a primeira visita em uma das unidades, eu me assustei com o entorno. Aquela periferia que eu via na TV, pobre, suja, injusta, estava ali na minha frente. O gerente local percebeu.

– Aqui dentro do Cuca você está protegida.

Reparei nos vários buracos nas paredes e perguntei do que se tratava.

– Foi nesta unidade onde ocorreu umas das maiores chacinas de Fortaleza. Mas faz tempo.

Por incrível que pareça, eu me senti mais confortável ali do que no escritório cheio de pompa da multinacional. Que estranho. Os buracos de bala me feriam menos que as palavras do mundo corporativo. Não importava. Faria um PUTA trabalho que, de alguma maneira, contribuiria para o bem-estar de alguém. Nunca tinha feito nada igual. Estava feliz.

Dali em diante a coisa engrenou. Peguei um freela aqui, outro ali, dos mais distintos, alguns ainda em assessoria de imprensa, outros de conteúdo, um indicando a outro, montei minha carteira de clientes.

A fase da reestabilização chegara, mas ainda faltava algo. E as histórias que eu sempre quis contar?

É difícil encontrar alguém que estuda Jornalismo para ser assessor de imprensa, mas as oportunidades profissionais me levaram ao outro lado do balcão. As reportagens que outrora sonhara em colocar no papel viraram press releases ou matérias em jornais e revistas de empresas, aquelas voltadas aos funcionários. Há mais de vinte anos tinha me formado, mas o sonho continuava ali, latente.

Dizem por aí que para ser completo na vida a gente tem que fazer um filho, plantar uma árvore e escrever um livro. Como pude chegar aos quarenta e nunca ter feito nada disso? Se eu morresse hoje, não deixaria qualquer legado? Não teria uma criança para dizerem "é a cara da mãe", ou não deixaria uma árvore frutífera para minha suposta família? "Essa árvore foi a vó que plantou", diriam meus netos que nunca nascerão.

Já o livro ainda dava tempo, esse eu podia parir. E sozinha.

Nem tão sozinha assim. Ter trabalhado anos com produção de texto corporativo em nada me ajudava. Eu precisaria voltar ao banco da escola e, assim, me matriculei em uma pós-graduação em escrita literária. Descobrir novas ferramentas era uma necessidade para a criação de uma obra. Mas que obra? Sobre o que eu escreveria?

Minha única certeza era não querer inventar histórias. Ainda com aquele espírito frustrado de uma pseudorepórter, aspirava contar histórias já criadas pela vida. Mas daí a falar sobre a minha própria foram alguns passos importantes.

Os primeiros seguiram em direção às minhas descobertas internas. Atingir a maturidade nos dias atuais me tirava o chão, mas para compreender a situação, rememorar a jornada e tentar chegar a algum lugar foram dois anos.

Certos professores chegaram a dizer que *falar sobre a gente requer um mergulho muito profundo*. Como fazer esse mergulho, essa busca, se a terapeuta custava mais de quinhentos reais, o preto-velho não me entendia, alguns amigos tinham medo de que eu atacasse a linguiça alheia, e as distrações, como contar pentelhos brancos, eram cada vez mais constantes?

Willian Zinsser, jornalista norte-americano, notou em um dos seus livros sobre não ficção: "o simples ato físico de escrever constitui um poderoso mecanismo de busca".

É verdade.

Certo dia, fui caminhar pelo bairro onde moro. Queria arejar a cabeça. Ver o mundo passar à minha volta me faria parar de pensar tanto no meu próprio mundo. E, talvez, na distração de um instante, saltariam de alguma esquina respostas que eu tanto buscava.

Tentava limpar minha mente quando passei em frente a uma galeria de artes que anunciava um curso sobre os setênios, uma visão da Antroposofia – doutrina filosófica e ao mesmo tempo mística – das fases da vida. Me matriculei na hora.

– Por que a vida é vista a cada sete anos? – Foi a minha primeira pergunta, dois dias depois, à Meire, professora do curso, uma psicóloga e pedagoga de setenta anos, que trabalhava como consultora já há algumas décadas.

– A cada sete anos as células se modificam. Os dentes são trocados aos sete, aos catorze os hormônios realmente se transformam, aos quarenta e nove chega à menopausa – exemplificou.

Foram três dias de curso para entender as fases da vida. Eu só estava esperando a minha. Meire passava um slide atrás do outro e quando chegou aos quarenta e dois anos, lá estava ela: a MC, chamada pela especialista antroposófica de "Crise da Autenticidade".

– É quando você se olha no espelho e se confronta consigo próprio. Nessa crise, bate um sentimento forte de solidão e depressão. É a ficha caindo: descobrimos que somos responsáveis por nós mesmos, não adianta mais culpar o outro ou o acaso.

Não adianta mais culpar o outro ou o acaso.

Pois é, talvez esse seja o grande peso que a MC me faz carregar: a culpa pelos passos errados que dei, ou pelas escolhas que fiz.

Eu só confirmava o que já sabia, mas me faltava algo importante que eu ainda não tinha conseguido encontrar nessa jornada: como sair dessa? Como mandar a MC embora?

Para Meire, a armadilha é acreditar que a mudança deve ser externa.

– Dos quarenta e dois aos quarenta e nove é a fase imaginativa, a do altruísmo. Espelha-se a adolescência, e os sonhos que ficaram parados tendem a voltar. Por isso muitos homens trocam de mulher nessa fase ou decidem largar tudo e abrir uma pousada.

– Qual a solução para sair da crise? – perguntei ansiosa, como se só eu estivesse ali.

– A partir dos quarenta e dois anos nosso grande dilema é do Ser e do Ter. A curva ascendente é a do Ser, que é o caminho da sabedoria. A descendente é a do Ter, que nem sempre traz a plenitude que buscamos.

Bem, eu já estava nesse caminho do Ser havia algum tempo e o Ter realmente ficara para trás, afinal virei freela (foda-se o puta bônus).

Mas não tinha encontrado as respostas que tanto queria. Qual a solução, afinal?

– Assuma o protagonismo, tomando a vida nas próprias mãos e deixando de ser vítima ou esperando que chegue um salvador. É preciso parar de lutar contra a vida.

"Deixe de ser vítima."

"Não espere um salvador."

"Pare de lutar contra a própria vida!"

Que interessante... tenho que colocar isso no meu livro.

POSFÁCIO

Deixei de fazer festa de aniversário.

Não marquei aquela lipo, tampouco iniciei terapia.

Nunca mais frequentei um spa. Confesso que vez ou outra arrisco um chupe-chupe.

Meu traje de praia ainda é o biquíni, mas tenho um maiô guardado na gaveta.

Não encontrei mais com o Will, porém suspeito que continue alegrando muitas mulheres ao passo de sua dança.

Permaneço frequentando todo tipo de religião.

Continuo tentando fazer um puta trabalho (mesmo sem bônus).

Ainda aguardo convites para churrascos.

ENTREVISTADOS

Ailton Amélio da Silva, psicólogo clínico.

Ana Canosa, psicóloga clínica, terapeuta e educadora sexual.

Caroline Cotta de Melo Freitas, antropóloga e professora da Fundação Escola de Sociologia e Política de São Paulo, FESPSP.

Célia Romão, psicóloga clínica.

Jasmin Rodrigues, psicóloga clínica.

Kátia Cavalcante, coautora da tese de mestrado *Autoestima em mulheres de meia-idade*.

Letícia Oliveira Alminhana, psicóloga e professora da Universidade Católica do Rio Grande do Sul, PUCRS.

Luiz Henrique Gebrim, professor livre-docente da disciplina de Mastologia da Unifesp e diretor do Centro de Referência da Saúde da Mulher do Hospital Pérola Byinton.

Miriam Waligora, médica ginecologista e urologista do corpo clínico do Hospital Albert Einstein.

Paulo Silvino Ribeiro, sociólogo da Fundação Escola de Sociologia e Política de São Paulo, FESPSP.

Sarita Domingues, professora de Yoga e Meditação, e especialista em yogaterapia.

Toni Luiz, filósofo, teólogo e psicanalista.

O QUE EU LI PARA CHEGAR ATÉ AQUI

ABDO, C. H. N.; OLIVEIRA JR, E. D.; MOREIRA, J. A. S. et al. Perfil sexual da população brasileira: resultados do estudo do comportamento sexual (ECOS) do brasileiro. *Revista Brasileira de Medicina*, São Paulo, v. 59, 2002.

ALMEIDA, V. F.; LEVANDOWSKI, D. C.; PALMA, Y. A. Escolhas amorosas de mulheres de meia-idade. *Pensando Famílias*, Porto Alegre, v. 12, 2008.

AQUINO, A. A expectativa feminina do "casamento feliz" e suas implicações psicológicas através da psicologia analítica. *Conuctio*, Curitiba, v. 2, n. 4, 2008.

BEAUVOIR, S. de. *A força da idade*. Rio de Janeiro: Nova Fronteira, 1994.

BLANCHFLOWER, D. G.; OSWALD, A. J. Do Humans Suffer a Psychological Low in Midlife? Two Approaches (With

(With and Without Controls) in Seven Data Sets. NBER Working Paper, Aug. 2017.

BOLICK, K. *Solteirona*: o direito de escolher a própria vida. Rio de Janeiro: Intrínseca, 2016.

BORYSENKO, J. *A Mulher de 0 a 90 (e além)*: os ciclos femininos sob o ponto de vista da biologia, da psicologia e da espiritualidade. Rio de Janeiro: Nova Era, 2002.

CASTRO, T. P. de. *Autoajuda e a reificação da crise da meia-idade*. 2009. Dissertação (Mestrado) – Universidade Estadual de Campinas, Campinas, SP.

CIGONA, J. R. F. De La. *A crise da meia-idade e outros temas espirituais*. São Paulo: Loyola, 2001.

CONWAY, J.; CONWAY, S. *A Mulher na crise da meia-idade*: ajuda indispensável para mulheres que enfrentam uma difícil transição. São Paulo: Cultura Cristã, 1998.

DRUCKERMAN, P. *Vida adulta à francesa*: o que a vida e Paris me ensinaram nos últimos 40 anos. São Paulo: Fontanar, 2018.

ESTÉS, C. P. *Mulheres que correm com os lobos*. Rio de Janeiro: Rocco, 1994.

FAGULHA, T. A meia-idade da mulher. *Psicologia*, Lisboa, v. 19, n. 1-2, 2005.

FERREIRA, V. N. *O envelhecimento feminino na sociedade do espetáculo*. 2010. Dissertação (Mestrado) – Universidade Federal de Juiz de Fora, Juiz de Fora, MG.

FIGUEIREDO, L. B. de. *Uma revolução silenciosa*: a sexualidade em mulheres maduras, 2011. Dissertação (Mestrado) – Pontifícia Universidade Católica de São Paulo, São Paulo, SP.

GOLDENBERG, M. Corpo, envelhecimento e felicidade na cultura brasileira. *Contemporânea*, Salvador, v. 9, n. 2, dez. 2011.

GOLDENBERG, M. *O corpo como capital*: estudos sobre gênero, sexualidade e moda na cultura brasileira. São Paulo: Estação das Letras, 2015.

GONÇALVES, E. *Vidas no singular*: noções sobre "mulheres sós" no Brasil Contemporâneo, 2007. Tese (Doutorado) – Universidade Estadual de Campinas, Campinas, SP.

HEIMAN, J. R.; LONG, J. S.; SMITH, S. N. et al. Sexual Satisfaction and Relationship Happiness in Midlife and Older Couples in Five Countries. Archives of Sexual Behavior, v. 40, n. 4, ago. 2011.

JORGE, M. de M. Perdas e ganhos do envelhecimento da mulher. *Psicologia em Revista*, Belo Horizonte, v. 11, n. 17, 2005.

KARNAL, L. *O Dilema do porco-espinho*: como encarar a solidão. São Paulo: Planeta, 2018.

MARRACCINI, E. M. *Encontro de mulheres*: uma experiência criativa no meio da vida. São Paulo: Casa do Psicólogo, 2001.

MELLO, K.; MENDONÇA, M.; GALLI, A. P. A segunda vida das mulheres. *Revista Época*, São Paulo, ed. 502, dez. 2017.

MINISTÉRIO da Saúde. Secretaria de Atenção à Saúde Departamento de Ações Programáticas Estratégicas. *Manual de atenção à mulher no climatério / menopausa*. Brasília, DF, 2008.

MORI, M. E. *A vida ouvida: a escuta psicológica e a saúde da mulher de meia-idade*. 2002. Dissertação (Mestrado) – Faculdade de Psicologia, Universidade de Brasília, Brasília.

MORI, M. E.; COELHO, V. L. Mulheres de corpo e alma: aspectos biopsicossociais da meia-idade feminina. *Psicologia: Reflexão e Crítica*, v. 17, n. 2, 2004.

NEGREIROS, T. C. de G. *A nova velhice*: uma visão multidisciplinar. Rio de Janeiro: Revinter, 2003.

NEGREIROS, T. C. de G. Sexualidade e gênero no envelhecimento. *Alceu*, Rio de Janeiro v.5, n. 9, jul./dez. 2004.

PACHÁ, A. *Velhos são os outros*. Rio de Janeiro: Intrínseca, 2018.

OLIVEIRA, K. C. C.; MACUCH, R.; BEBBEMANN, R. Avaliação da autoestima em mulheres de meia-idade. *Anais CIEH*, Editora Realiza, v. 1, 2017.

OSWALD, A. J.; TOHAMY, A. Female Suicide and the Concept of the Midlife Crisis. 2017. Disponível em: <https://www.researchgate.net/publication/316700285_Female_Suicide_and_the_Concept_of_the_Midlife_Crisis>.

PRATA, L. *O mundo que habita em nós*: reflexões filosóficas e literárias para tempos (in)tensos. São Paulo: Instante, 2018.

PRIORE, M. Del. *História do Amor no Brasil*. São Paulo: Contexto, 2012.

QUAL a idade em que somos mais infelizes, segundo a ciência. BBC News Brasil, 16 de janeiro de 2020. Disponível em: <https://www.bbc.com/portuguese/geral-51132694>.

REIS, L. M. A. *Maturidade*: manual de sobrevivência da mulher de meia-idade. Rio de Janeiro: Campus-Elsevier, 2001.

SHEEHY, G. *O sexo e a mulher madura*: em busca de novas paixões da vida. Rio de Janeiro: Rocco, 2006.

SHELLENBARGER, S. *A crise da meia-idade feminina e como ela está transformando as mulheres de hoje*. Campinas: Verus, 2010.

STRENGER, C.; RUTTENBERG, A. A necessidade existencial de mudança na meia-idade. *Harvard Bussiness Review Brasil*, 29 fev. 2008.

SIMÕES, R. B. S. *A mulher de 40 anos*: sua sexualidade e seus afetos. Belo Horizonte: Gutenberg, 2006.

SUDDAH, C. Crise da meia-idade é mito ou tem alguma comprovação científica? *Folha de São Paulo*, São Paulo, Caderno Ilustríssima, 31 ago. 2017.

TORRES, W. C.; GUEDES, W. G.; ERBERT, T. H. et al. Morte como fator de desenvolvimento. *Arquivo Brasileiro de Psicologia*, Rio de Janeiro, v. 39, n. 2, 1983.

VEIGA, M. R. *Mulheres na meia idade*: corpos, envelhecimentos e feminilidades. 2015. Dissertação (Mestrado) – Universidade Federal de Santa Maria, Santa Maria, RS.

©2021, Pri Primavera Editorial Ltda.

©2021, Adriana Pimenta

Equipe editorial: Lourdes Magalhães, Larissa Caldin e Manu Dourado
Revisão: Rebeca Lacerda
Preparação: Larissa Caldin
Projeto gráfico e Capa: Nine Editorial
Diagramação: Manu Dourado

Dados Internacionais de Catalogação na Publicação (CIP)
Angelica Ilacqua CRB-8/7057

Pimenta, Adriana
 Quando o futuro chegou (e encontrei um pentelho branco) / Adriana Pimenta. -- São Paulo : Primavera Editorial, 2021.
144 p. : il.

ISBN 978-65-86119-50-3

1. Crônicas brasileiras I. Título

21-2042   CDD B869.8

Índices para catálogo sistemático:

1. Crônicas brasileiras

PRIMAVERA
EDITORIAL
Av. Queiroz Filho, 1560 - Torre Gaivota - Sala 109
05319-000 – São Paulo – SP
Telefone: (55 11) 3031-5957
www.primaveraeditorial.com
contato@primaveraeditorial.com

Todos os direitos reservados e protegidos pela lei 9.610 de 19/02/1998. Nenhuma parte desta obra poderá ser reproduzida ou transmitida por quaisquer meios, eletrônicos, mecânicos, fotográficos ou quaisquer outros, sem autorização prévia, por escrito, da editora.